心念之擇食

萬病由心造，
邱錦伶的情緒食療法

邱錦伶——著

推薦序

我喜歡這本書，它讓我很感動，邱老師這樣開誠布公地說出自己各種經歷，願意與所有人分享自己的挫折和低潮，我想大部分的人可能都無法做到，我覺得她很偉大。

自從跟邱老師學習擇食之後，我最大的體會就是；她教給我們的等於是「對吃的斷捨離」。當我們能夠把自己的慾望降到最低，三餐都是簡單地吃到身體需要的營養，生活也就跟著變簡單。

所以我在擇食之後，除了外表和健康的變化之外，我也意外的發現了心境上跟以前的不同，心靈變得越發安靜了，對心靈成長的相關事情特別有興趣，也對療癒和養生的東西開始研究，這些內在的改變，倒真是出乎我意料之外的。

鄧先生常說，別看我因為擇食好像吃得很簡單，事實上，我反而是最懂得吃的，因為我按照擇食的精神，吃飯的時候，都是簡單的清湯去燙肉或是青菜類，頂多沾一點好的醬油，因此食材都得要很新鮮，一點點不新鮮的味道，我都吃得出來，所以我才是最挑吃、最懂吃的；我倒覺得這跟我們的心靈也有點像，如果心可以單純、不亂，對身邊的人事必定特別能感受到，相同的也必定能為細微的事而感到快樂。

會認識邱老師，是因為幾年前我在拍戲的時候，跟朋友聊到一直想瘦一點，我朋友說起《擇食》這本書，還告訴我好像真的很有用，很多人都嘗試照著書上說的做，但沒有人能堅持下去。我當時心裡就挺好奇，到底有多難？如果真的有用，我也想來試一試。

後來正好為戲宣傳，有機會到台灣，我透過朋友幫忙，想跟邱老師約諮商瞭解一下我的身體該怎麼調養，等好不容易約成了，朋友還特別警告我：「妳可不能遲到，邱老師最討厭人家遲到。」

到了見面的那天，我因為前面的採訪延誤了，因此遲到15分鐘，結果第一次見到邱老師，只覺得她很有距離感，還因為我遲到，臉色也不太好看，我那個時候對她挺害怕的。

但照著她的飲食規則，我自己感受到的健康和外型上的改變，覺得真的很神奇，因此也到處跟朋友宣傳擇食，因為效果太好了，連我的家人也跟著受影響，偶爾也跟著我擇食。我生第一胎的時候，還不認識邱老師，懷第二胎照著邱老師的方式吃東西和照顧自己，懷孕的過程心情都很平穩，所以我真的相信吃的東西和情緒也是有關連的。

我只要有問題就立刻問邱老師，等跟她熟了才瞭解她個性其實很好，她每一次都是好有耐心的解釋給我聽，我們現在已經是很好的朋友了，不論她到上海或是我到台灣，一定都會相約吃個飯、喝個茶的。

對了，我還是看了這本書才知道她原來已經50多歲了，我之前雖然好奇，但是不好意思問她，知道之後，我真的好驚訝，她自己真是擇食最好的證明。

《後宮甄嬛傳》《羋月傳》絕美女演員　孫儷

推薦序

出塵的長髮，果敢的短髮

「哇，你變成邱老師了。」

望著錦伶俐落的短髮，不禁回想起多年前那長髮飄逸的身影。

在一個「法國鄉村之旅」的行前說明會上，一位皮膚白晰的長髮女郎，一下子就吸引住在座大夥兒的目光，腦海中不禁浮現「古典美人胡茵夢」的那股出塵氣質。接著，在普羅旺斯的旅途上，雖然二、三十位團員可以各自選擇行走路線，但我不知不覺就常常跟著錦伶走在一塊，不俗的談吐，以及獨特的品味，總讓人如沐春風。

錦伶最讓我敬佩的，她豐富的學養，不是來自傲人的學府，而是來自於家庭與個人的好讀好學。多年後，她能成為養生擇食專家「邱老師」，我一點都不意外，但選擇了醫理這條路，而且成為暢銷作家，卻完全出乎我的想像。後來，我才知道這個人生契機，竟然是從巨大的身心打擊裡萌生。以前，她把堅強的個性藏在美麗的長髮之下，現在的短髮，剛好象徵了她果敢的重生。

錦伶的擇食養生之道，恰恰也是她重生過程裡的自我學習與體悟，這個「道」，由內而發，源自於對家人的關切，及自我的受創經驗。所以，她的養生諮商一直都是從「心」出發，要人面對自己的情緒、人際關係，克服自我飲食的慣性障礙，才能恢復「身心小宇宙」的平衡。

她常說我們兩人都有個「老靈魂」，這個老靈魂似乎對心靈的的感受特別深刻。即便成名之後，獲取金錢已非難事，錦伶仍安貧樂道，反而更關心窮苦受困的人與動物。她不汲汲營營於物質享受，更不願用過度的身心消耗，來換取身外之物，跟擇食養生從「心」出發的一貫道理相同，他用實踐來「證道」，也讓她的追隨者放「心」地過擇食生活。

資深媒體人 **徐嘉檣**

推薦序

從《擇食》開始認識邱錦伶，轉眼已經四年多了，她常常說自己絕對不是神，也最怕別人「神化」她。我從來沒有把她當作神，而正因為她也只是一個平凡人，所以她的可愛是那麼珍貴。

平凡人跟神的差別在於，平凡人要花費時間和心力，讓自己漸漸能成為活得自在、快樂、平和、善良的人，而神可不需要做這些努力。因此我才會說她的可愛珍貴。

熟識邱老師的人，才會看到她可愛的一面。她愛撒嬌、愛笑，有時候跟她鬥嘴或開玩笑，她的氣度也驚人的寬廣；甚至我與她還吵過架，那次的經歷正是我真心喜歡她的開始。

當時因為看法相左，我跟她吵過架後，事後覺得是自己態度不對，因此鼓起勇氣、戰戰兢兢打電話給她，心想她應該免不了要讓我難堪一下的吧？結果電話那頭傳來她輕鬆的語調：「妳好哇。」我大吃一驚，她竟然沒有生我氣嗎？

邱老師說：「我早就沒事啦！」然後她接著說：「我本來就是這樣呀，又不是什麼大不了的事情。」這份豁達讓當時的我感到驚訝，在更加了解她之後，才明白這本來就是她的個性。

我總是認為，吵過架還能成為好朋友，那就是彼此有了解與信任，我們的確漸漸成為知心的好朋友，並且也因為這個事件，讓我對她的情緒管理有了超強印象。

當我們更熟悉之後，對她有了某種程度的依賴，每當我有煩惱的事情想要聽邱老師的意見，她也總是能用更寬廣的角度看事情，然後一語中的地立刻點醒我的盲點。（雖然這樣有點對不起她，總是把她當垃圾桶，在此向邱老師深深一鞠躬。）

從入世的人生，慢慢進入出世的生活方式，她一路走來始終朝著這個方向前進，直到達到目標，許多人從外面看只感到羨慕，殊不知她付出多少努力才換來這樣的生活。於是有天，我們聊到為什麼許多人無法像她這樣勇敢的改變自己的生活和人生？她說：「這其實跟心臟無力有關。」蛤？什麼意思？邱老師開始解釋給我聽，整個聽完後，我才了解，原來食物不只會影響身體的健康，還會影響我們的情緒，甚至是思考的方式！

我再回想從跟著邱老師擇食之後的自己的變化，是啊！除了我曾經講過的變得有耐性之外，一直是個悲觀主義者的我，現在常被別人問：「你是怎麼可以這麼樂觀的啊？」以前一件事情不高興，我低落的情緒可能至少會持續四、五天，現在甚至無法超過15分鐘……種種變化，證實了邱老師的理論呀。

於是這本書就這樣產生了，希望有更多人可以了解自己的情緒，也能夠學會如何藉由選擇食物來調整我們的正面能量，因而能夠不被命運困住，踏上一條自在、快樂的養生之路。

時報出版　第三編輯部　總編輯　**周湘琦**

目錄

CONTENTS

推薦序／002
擇食同學會心得分享／012
Chapter 1 心也要擇食／017
Chapter 2 工作中的常見情緒／037
焦慮／038
憤怒／056
挫折／070
不安／080
比較／088
愧疚／102

Chapter 3 愛情中的常見情緒／109
忌妒／110
無力／128
悲傷／146

Chapter 4 家庭帶來的常見情緒／167
內疚／168
討好／186
矛盾／194
逃避／204

Chapter 5 想要與你一起走在養生的路上／221
附錄一　食物與情緒的關係、對應方式／231
附錄二　情緒管理的方法／234

擇食同學會心得分享

擇食同學　朱時妤

接觸擇食之前的我，是個有苦肚裡吞的好好小姐。朋友有事相求，絕對不敢say no；同事丟爛攤子來，不敢say no，所以理所當然的會把氣發在最愛我的家人身上，每天也過得不開心。那時的我不開心就大吃、熬夜看電影、約朋友去唱歌喝酒，仗著自己年輕，宿醉半天就恢復了，只是身體也是搞到一團亂，而且是無敵水腫的那種胖，搞得我的花樣年華就是一個花漾奶奶的體態。持續的亂吃，陰虛火旺，無名火，整個喪失了30歲應有的朝氣。

當我接觸到擇食後，覺得太誇張……食物可以影響心情？半信半疑的照著半套做之後，發現皮膚變好了、無名火消失了、重點是該生氣的時候一定會生氣，而不是隱忍在內心氣到自己吐血也沒人發現。（老師說這是因為有攝取足夠的優質蛋白心臟變強了！）當然一開始跟周遭的朋友家人一定會有磨合期，有人質疑我為什麼脾氣變差了？因為以前我可以容忍你的荒唐，現在我認為容忍你才是我荒唐！有人質疑我變得孤僻不愛聚會了，因為我寧願多花點時間與自己相處，而不要帶個面具出門到處傻笑。更有人認為我加入邪教，把邱老師奉為圭臬，對，如果一位凡人能讓我從花漾奶奶變成嫵媚人妻，不需要開刀、不需要餓肚子、不需要花錢，我叫她媽媽跟她姓都可以！

唉～講正經的，很幸運的有機會認識邱老師。老師說話溫柔卻透露著堅毅的語氣、臉上也許沒有太多表情，但是就是幾句話能戳中你內心遺忘幾千年的哭點，我真的很感謝老師在身心對我的幫助。在此我要謝謝老師這位我心目中100%的「必取」女王，因為有妳讓我更了解自己、面對自己、重視自己！我…也…要…當…快…樂…的…必…取…！！！

擇食同學　陳慧玫

曾經我是個藥罐子，最誇張的是半年內可以反覆三、四次重感冒，每次都喉嚨疼痛，快速沙啞到完全失聲，最後是早晚的日咳加夜咳折磨，我娘每次見到我又感冒總是泡熱茶給我並說：「唉，你就是沒抵抗力啦！」這只讓我心情更低落，我羨慕極了那些幾乎從不感冒生病的人啊啊啊！

四年前的三月份，手捧著邱老師的《擇食》一書，二週內我拜讀了三遍！從沒這麼認真看過一本書呢！它完全顛覆了我對健康觀念的自以為是（囧），對照我與家人的飲食習慣和生活作息，非常切合《擇食》一書中各個案例的飲食作息與不適症狀呢！而更吸引我的，是書中處處可見的「情緒管理」觀念！邱老師要我們停止再把自己的身體當僕人使用，而應學習把它當情人來照顧，因為身體的不舒服會造成情緒問題與面對事情的態度，「而這些比較負面的反應和態度，會再創造出更多情緒困擾，這些情緒困擾反過來再影響身體，變為一種身體與情緒相互交錯的負面影響，造成身體狀態每下愈況的惡性循環」（擇食第一百六十頁），所以在我帶著家人走上選擇食物、認真忌口這條路之外，我也花了不少心力注意自己情緒壓抑或長期困擾的問題，並極力避免長期熬夜。

在認真擇食，攝取優質蛋白質與澱粉後，我心臟比較有力了（而且不嘴饞），對自己的身體也有了全新的認識～原來我也可以一顆西藥都不吃！就這樣，邱老師神奇地重建了我對自己身體健康的自信心！（泣謝～）接著我把握機會去上擇食 VIP 課程，也參加了幾場邱老師的「擇食讀書會」，邱老師說：「有情緒要說出來，有理要說清楚，不可以懶得說，會長瘤得癌症！」老師並強調，態度改變，事情的發展也會跟著改變，放過自己，這個世界就會放過你；不放過自己，則最大的敵人就是自己，每一天做一件對自己好的事！

就這樣，我開始了一場身心靈的大革命，好朋友力勸我不要誤入歧途，什麼都吃才是最健康，我就堅持帶著便當陪好朋友吃香拌意麵，我們仍是好朋友；好同事力勸我人生苦短，享受美食、恣意悠遊冰品甜點才是有品味的人生，我就建議我可以自己吃飽了，再去喝茶陪大家享受美食暢聊，若不被接受也不勉強，別人可以不顧我的健康，我可必須愛自己啊。

這幾年來，跟著邱老師學習與實踐擇食，幾次都被穩穩準準地戳進自己不願面對或不敢碰觸的心裡黑暗角落。從情緒有了出口，到正視並能肯定自己的優點，我終於漸漸放下了恐懼、擔憂與沒自信。心靈受到了撫慰，看見了越來越獨立的自己，也明辨了是非！原來好好愛自己就是對自己溫柔；對自己溫柔，是不再讓自己去接受別人自私的對待。人要堅強去走對的路，而不用被動去等別人改變或瞭解我們，因為我們只要把自己打理好，自然就會有好的生活。不抱怨的生活不再是我一直追尋不到的理想了。

Chapter 1

心也要擇食

萬病由心造，心醫好了才有整體的健康

中醫理論當中都有這麼一句話：「萬病由心造。」我們的身體有許多病都是由「心」引起的，我自己的諮商經驗當中，更是一再的證實這個理論，這也就是為什麼我要出這本書的原因。

時代如疾電之光的速度變遷，現代人的壓力只會隨著變化而越來越大，做父母的多半都得工作，工作之餘要照顧子女，自己的情緒無法消化，對待孩子的時候難免反應出自己的情緒，這就是我們所謂「原生家庭」的問題，現在單親家庭的佔比根據行政院主計處99年統計出來的數字，全台灣有五十五萬五千戶的單親家庭，這些孩子在成長的過程中心靈所受的傷害，足以影響他們的一生；雙親家庭長大的孩子，一樣會有成長過程中所受過的傷害，而這些傷害如果沒有去好好面對並且找到療傷的方法，對每一個人都可能造成一輩子的影響。

價值觀、自我評價、愛情的渴望度、別人的肯定等等，都是主要深刻影響我們情緒和心理的重要基礎，有很多性格和身體健康的問題，都是無法自我意識的心理問題帶來的，所以我們常常在好萊塢的電影裡看見，許多主角都有自

己的心理諮商醫師，但是台灣卻始終沒有這樣的風氣，我想基本原因是，一般的諮商師都是以客觀的角度來諮商，讓被諮商的人自己把問題說出來，西方文化通常比較開放，所以諮商對於他們會有所幫助，但是東方人對於自己的隱私或是很多心裡的傷痛，往往難以啟齒，所以在台灣，心理諮商做起來非常困難，甚至有許多人至今不敢去掛精神科的門診，深怕自己被貼上「神經病」的標籤。

我在諮商的時候，也往往發現被諮商者會迴避一些心理上的問題，尤其越是位高權重的人，這方面的防衛就越強，所以我發展出**「心靈擇食」**。

我的方法很簡單，因為當人們有情緒問題的時候，會反應到身體而產生症狀，心靈擇食和一般心理諮商最大的不同，就在於我們是從身體的症狀來反推回去，回到你有什麼樣的身體狀況時可能有什麼情緒問題，當反推出來你可能有什麼情緒問題時，我們可以用最快的方法，就是你的飲食來調整。當身體狀況調整好，就會帶動情緒的提升。

這本書裡，大家將會看到有許多案例會有一個共通的特點，那就是「心臟無力」，這樣的人因為長期優質蛋白攝取不足、不吃澱粉，卻有很多需要體力勞動的事情要做，或者是迷信光靠運動可以減肥，過度耗損心肺功能，再加上營養補充不足，很容易心臟無力。

這是許多現代人的通病，你如果不相信，可以觀察你自己或者是周邊的朋友同事，有沒有以下的狀況：容易擔憂、多疑，覺得自己對什麼都提不起勁，常常感到疲倦，彷彿找不到生活的動力。這些狀況很多時候看起來就像是憂鬱症，我相信大家或多或少都認識這樣的人吧？

如果不想要靠藥物來治療這樣的問題，就可以試試看用擇食的方法來調整，把心臟的功能調整好，負面思考就會漸漸的遠離你，當你開始感覺有活力了，對很多事情就會有了正面樂觀的思考。

想好你要的，一步一步往目標前進

很多人以為我可以一直當個閒雲野鶴，而認為我只是命好，所以我想和每一個看到這本書的人分享，分享那段我也曾經被困在一份又一份的工作裡的人生。

我其實從很年輕的時候就開始工作，剛開始和任何人都一樣，只是整個職場裡的一隻小蝦米，也如同所有小蝦米一般，每天就是上班、下班、回家、上班……，日復一日的過著工蟻般的生活，而也就在那個同時，我知道自己不快樂，我不喜歡這樣的生活，每每待在辦公室裡，透過窗戶看見外面的藍天，我就覺得應該要翹班出去玩啊！當窗外下著雨，我也覺得這種時候應該窩在家裡好好看本書、聽個音樂什麼的……，總之我就是覺得辦公室像一個特大號的鳥籠，而我的軀體就這樣被關在這個籠子裡。

可是那個時候我沒有辦法，因為這是我賺取提供生活所需金錢的唯一管道。除了不喜歡被關在辦公室裡之外，對所謂的「人際關係」或是「職場政治」，都一直讓我覺得很有壓力，尤其我又是比較敏銳的人，當別人都還沒有察覺，我就已經看透接下來會發生什麼情況，對那些派系之類的複雜關係，我覺得很無力。

因為這些工作上種種讓人不快樂的因素，我當時就想，如果有一天我有能力，我一定要做不用上班也能賺取生活所需的工作。當我有這個念頭，我就下定決心朝這個方向去努力，累積自己的實力。

不可否認的是，儘管我覺得被關在籠子裡，但年輕的我一直是在工作上非常賣命的人，並且不斷吸收跟我工作相關的設計資訊，這些都使得我在工作上有好的能見度，所以設計做到後來，有一天碰到一個廠商，那個老闆很欣賞我的才華，就挖角我去他那上班。他當時所能提出的薪資，並不及我原來的薪水高，但他能用給我自由來換，他答應我可以在家裡上班，有作品就拿到公司去，工作內容還包括飛來飛去看展覽和採購樣品。

我評估這份工作最重要的誘因，當然是能在家裡上班，而需要飛來飛去，更是我當時求之不得的，二十幾歲的我，嚮往可以一個人獨立、可是家裡管得很嚴，又有門禁，跟朋友相約吃飯聊天，也得趕十一點的門禁，我渴望自由的心，一如我不想在辦公室工作一樣，如果這個工作需要飛來飛去，家裡就會慢慢習慣和接受我不會再是乖乖住在家裡的一個女兒，並且也會讓父母瞭解我有能力一個人在外面生活，所以我沒考慮太久，就決定去新公司上班。

當我們感到對於現有的生活不滿，一定得做些什麼去改變它，雖然一時半刻也許無法改變，但只要你願意先把現在能做的好好去做，等待機會來臨時，就是你可以改變的時候了。如果我們不滿足或者不想要現在的生活方式，卻只是待在裡面除了抱怨還是抱怨，那就什麼都無法得到。

我一直都是當有所不滿的時候，就開始想像我到底要什麼？等有一個很明確的方向出來後，我所做的每件事就是一步、一步的朝那個目標前進，當然人生不如意十常八九，但唯有我做好準備，當如意的那一刻到臨，我所要的就能夠實現。

我諮商的對象百分之八十以上都會提到對現有生活模式不滿意，卻又覺得無能為力。很抱歉，那真的都只是你太懶惰，或是太膽小，也很多時候只是不知道該怎麼做；大多數的人都因為害怕跨出去之後的未知或失敗，這個問題的癥結其實很容易解開，只要你把物質慾望先整理一遍，確認讓自己活著的必須花費，而去除掉那些只是為了彌補空虛，甚至是虛榮感所驅而需要的花費，然後你一定會發現其實你要活並沒有那麼難，所以勇敢的給自己一次實現理想生活的機會，就算失敗了，大部分的人只要肯做，都不必太恐懼會沒有工作，除非你對工作的要求也有虛榮成分在裡面，我的意思是，如果要找一份可以養活自己的工作，是可以有很多選擇的，為了理想生活而努力，情況再糟，也不至於讓你活不下去啊。

當然有些人是例外的，也許有沉重的家計，非你扛不可，那麼你至少也可以為自己真正有興趣的工作而努力，在現有的工作中，想想你真正喜歡的是什麼？然後為自己規劃好往喜愛的工作進修，慢慢鋪路，即便是跨領域的嘗試也不用感到不可能。

物質慾望低，人生的選擇就多

我自己的工作生涯一直都在跨領域，雖然很多人以為設計師就是設計師，工作內容都一樣，但其實設計師也有很多不同的領域。像我是學廣告設計的，第一份工作是畫廣告影片的腳本，之後轉成平面設計，再從平面設計轉成金工設計，再轉成產品設計，就拿產品設計來講，裡面都有因商品的不同材質而有不同的類別。

不斷跨領域的原因就是我不安於現狀，當這個現狀讓我覺得像是一灘死水的時候，我就會想要走出去再找讓我有設計熱情的東西。跨到最後其實我所得到的經驗就是，做任何事情專業經驗都只是其次，到最後你其實在跨越的是你自己：跨越了過去的自己。

現在我的生活可能是很多人羨慕的，比方說我一年只工作一兩個月，大部分的時間都是可以完全自主支配的，但我並不是一夜之間就能達成夢幻生活，而是從很年輕的時候，當我意識到自己當一個上班族不會快樂，就不斷在人生的選擇中，不偏離這個方向的往前走。

有些人問我，每一種選擇都是有得有失，當我選擇了自由，失去的是什麼呢？我恐怕很難給各位一個滿意的答覆，因為我實在太滿意現在的生活了，這是我努力追求來的呀！

記得多年前，我有一次跟同事們聊天，大家都在抱怨自己的工作，覺得很不開心，但又都覺得至少這份工作提供了一份安穩的薪水，外面的工作也很難找，如果毅然辭職，也不知道能不能順利找到適合的工作，於是大家開始討論：**「究竟要有多少存款，會讓你覺得有安全感，而敢辭職去尋找喜愛的工作？」**大家紛紛說四百萬、兩百萬、五十萬等等，輪到我的時候，我的答案讓大家跌破眼鏡，我說：「只要我銀行戶頭裡有兩萬塊，我就敢辭職。」她們都覺得很奇怪，這兩萬塊是怎麼算出來的？怎麼可能這麼區區兩萬我就敢辭職？

當時我一個月的開銷，連吃飯、交通費用、房貸（當時一個月是七、八千元）加起來差不多就是兩萬塊，如果我辭職了，以我的工作能力，只要給我一個月的時間一定可以找到適合的工作。

有人也許看到這裡會覺得，那是因為我房貸只要七、八千元，負擔沒那麼重，我要說的是，的確，房貸也是現代很多人的沉重負擔，問題是，當你一個月賺三萬塊的時候，你就沒有必要去買兩千萬的房子，然後藉口又來了，「台北市的房子哪有一千萬以下的！」但是台北市周邊有啊，像我買在近台北市的山上，當時行情一棟大約三百萬，我的月薪正是三萬元，扣掉基本開銷和給家裡的錢，我大約每個月也還能存五千塊，所以就算我錢賺得不多，但從來不會覺得自己生活過得捉襟見肘。

我一直強調，大部分人對錢的不安全感，其實是自己幻想創造出來的，如果要跟各位分享為什麼我對錢沒有各種莫名的恐懼，那要歸功於我人生最低潮的黑暗期。

如果看過《擇食》的朋友可能已經知道我的經歷，但是在第一本書裡，我沒有提到這個經歷對我除了開始追求養生之外，在金錢上給我的影響，因此在這裡簡短的讓大家知道一下。

前面提過，我本來的工作是個設計師，後來因為開刀，一個要用手畫設計圖的人右手癱瘓了三個月，原本的設計師工作，在我生病以後，那家公司也倒閉了，而在倒閉之前我有半年沒有拿到薪水，緊接著父親開始生病，因為自己的問題，加上父親的病，使得我前後停頓了兩年的時間沒有工作，這對我而言是人生中怎麼算都算不到的大意外。

我買房子的時候只有三十六歲，當設計師的時候薪水比較高大概是四萬三千塊，買房子之前因為母親幫我跟會，每個月要交一萬塊會錢、孝敬家裡一萬塊，房租六千，就這麼存下了買房子的錢，本來以為自己的人生就會這麼過下去，但是到了三十八歲發生這些意外的時候，我的銀行存款經過買房子和簡單的裝修後只剩下三十萬，我開始思考自己該怎麼過日子？而本來就對設計工作漸漸失去熱情的我，接下來又該做什麼？除了設計之外我能做什麼？我對未來只覺得一片茫然。

從以前家裡的嬌嬌女，爸爸常把「沒關係，工作不開心就回家來，老爸養妳。」掛在嘴上。雖然我因為搬出家裡獨立生活時，曾發誓再也不用家裡一分錢，但父親的這句話，總像是一個永遠的後盾，讓我很有安全感；而當時在家裡工作就能有四萬三千元的薪水，扣掉必須的開銷之外，所有的錢我都花掉，包括：每一年去歐洲旅遊⋯等等⋯⋯，而今我用每一分錢都需要謹慎小心的使用，要確定每一分錢都用在刀口上，因為我不確定我的未來在哪裡？而在沒有想清楚之前，藉著自己的健康出問題，並且也想多陪伴生病的父親，我沒有找工作。

一直到父親被確診為肺腺癌，我從不知道到底要做什麼樣的工作，到每天上網去找工作，只要有一個工作可以讓我安定下來，讓父親可以不要為我的未來擔心，讓他可以放心的走，我都願意去應徵。而我的幸運是，當時北京同仁堂要在台灣開幕了，因此也在徵人，最後我選擇了那份工作。

身處其中的時候，我覺得那是人生最低潮黑暗的時期，事過境遷後再回頭看，發現那兩年奠定了我這輩子不再為錢擔心的安全感，它讓我去過了「窮日子」，使得我知道窮日子可以怎麼過，我體會了窮真的沒有那麼可怕，它訓練出我知道如何花最少的錢去打理我的日常生活基本開銷，然後放掉以前做設計師時的那些虛榮，當時會讓我快樂的事情就是shopping、出國旅遊、打扮得漂漂亮亮，但是在窮的時候，我學會要得到快樂，其實是不需要花錢的。譬如說天氣好的時候出去散步，你感覺到空氣中青草的味道、樹葉的味道，下雨的時候在家裡泡一杯茶，欣賞水霧漸漸凝聚、飄散，把讀過的書拿出來重新讀，得到新的體會……這些快樂通通不用花錢，因為那兩年的日子這樣過來，所以後來才會有我那一段對錢的安全感的聊天對話。

如果要說我這輩子有什麼比別人強的，我想就是這種不怕窮、對錢的安全感吧，這一點就奠定我過得快樂的基礎，這輩子不會被錢所奴役，許多人不快樂的原因都是為了賺錢，而必須做一些讓自己不開心的事，但我不會這樣，我覺得這就是那兩年黑暗的時間所淬煉出來的，所以我真的很想跟大家分享，如果你不快樂的原因真的是不滿意現在的工作，但是又不敢跨出去，為了錢而一直泡在不快樂裡面，哪怕是一段不快樂的婚姻，也不應該不做任何事情去改變，而終日鬱鬱寡歡。

當我這麼對被諮商的人說的時候，常常他們會理直氣壯的回我：「你知道我每個月不吃不喝開銷就有多大啊！」這個回答非常好，因為這正是我們可以去思考的。

先說說房貸和車貸吧，前面我提過買房子還是要量力而為的選擇地段，而車子？住台北市你還要買車去付貸款？捷運、公車等大眾交通工具如此方便的一個城市，你要去付貸款，誰會同情你？

再來說說養小孩，你給小孩上這麼多才藝班，對小孩的未來真的有意義嗎？你的孩子真的對這些有天份嗎？上這些課孩子真的開心嗎？還是你只是為了跟別人比較？為了自己的虛榮心？

其實我也不反對有的人就是認為人生以賺錢為目的，如果你想要賺很多的錢，成為有錢有權有地的人，希望人家看見你都會起立鼓掌，那這中間你所要付出的代價，也就要好好承受，沒有什麼好抱怨的，如果你一直抱怨，那只是證明這也不是你真的想要的，重點就在於要認清楚你的人生目標究竟是什麼。

沒有一種選擇，不必付出代價

我人生的目標是自由自在，我願意為了自由付出代價，我今天所過的生活，也曾在過程裡有過痛苦和挫折。

很多人都知道我在北京同仁堂工作過，許多中醫的理論和邏輯，都是在那個環境裡培養出來的。但是我進同仁堂的時候已經四十歲了，這個領域中，我是一片空白的零基礎，對一個四十歲的人來說，要從頭學起並不是件容易的事。那一批同仁堂在台灣的創始員工中，我是年紀最大、學歷最低的，我清楚的知道自己條件最差，所以受訓的一個月中，每天早上九點進公司，最早下班大概也得晚上九點了，而且一整個月是沒有休假的，因為訓練的時間非常緊湊，很多人都覺得這個壓力讓人無法喘氣，進去的時候七個人，開幕的時候只剩兩個，大家都因為壓力太大而跑掉了，我也沒有比別人好的抗壓性，我只是不斷告訴自己「這是我要的，如果不肯努力，我就不會得到我要的」。

我當時的目標是起碼要懂得怎麼把自己的身體調理好，我很感謝老天爺給我進入一個有三百多年歷史的北京同仁堂，可以在裡面學習還有薪水拿，所以我總是很努力並且主動的做所有的事情，我相信只要肯做，就算是最微不足道的雜事，也一定不會白費，所以我的努力被看到了，最後我才可以得到公司的看重，把藥材裡面最昂貴的野山參交給我管。

年紀大可以被視為缺憾，但我卻覺得，因為我的年紀有足夠的歷練去看待所有的挫折和困境，我也曾壓力大到晚上九點多站在長春路的馬路上哭，每天不得休息的吸收知識和工作，我真的覺得我快要窒息了，不只是工作量的壓力，往往身體累只要睡覺就好，心理上的累，往往對自己的破壞性難以評估，當時我的同儕間有人看不起我、欺負我，完全是職場霸凌，有好幾次實在氣不過，我是跑到店外面的馬路上哭，哭完再回去工作。

四十歲才開始進入一個完全空白的行業，一切從頭學起，教妳的人年紀比你小很多，我當時覺得別人的態度就是把我當成是個屁。我們有一天要處理藥材，那天天氣很冷，我的手要泡在水裡洗天麻，一個一個洗刷，沒有人要做，就是我去做。

我的復仇也來得很快，三個月後那個欺負我的藥師負責的某場員工訓練時，董事長、總經理都在場，我因為夠用功，在他講完課讓大家自由發問時，我踴躍的不停發問，每個問題一層一層剝開地問，中醫學其實是門需要邏輯非常強的學問，並且需要觸類旁通，但那位藥師是死背型的人，我這裡抽一個問、那邊抽一個問，他無法回答，問了幾個問題他都答不出來，居然就哭了，其實我當時只是想要讓他知道，我已不可同日而語，他別想再看不起我罷了，照理說回答不出來，他大可以大方地說：「嗯！這是個好問題，我回去研究之後告訴妳。」但因為他欺負過我，所以會覺得丟臉而哭，這就是心胸與氣度的問題了。

因為我四十歲的閱歷，我才能夠在那些挫折裡面，哭完繼續不放棄地追求我想要的，若是二十多歲的我，一定會覺得老娘不做最大，誰稀罕！那麼也就不會有今天的我啦。

懂得用錢，而不是被錢用

我真不是空口說白話，如果我一生都是人生勝利組，很多事情我一定會看不透，想不清楚，我也可能會選擇逃避，但就因為我也曾在困境中輪迴，才學會只要面對、突破，就能走出一條路。

我對養生的信念，建立在走上養生的路，應該是只要正確的吃，身體會越來越好，而不是長期靠某些營養補充品或代餐來維持健康，我開始想要自己出來走獨立諮商的路。

為了實踐我自己的理念，我決定朝這條路繼續前進。因為能夠把生活開銷降到最低，只求有一口飯吃就好，所以我毫無顧忌地開始自己做很多研究，那些在身體功能還未恢復之前，所需要的補充的保健食品，我上網去找，找到加拿大的健康食品，它比台灣賣的至少便宜三分之一到一半的價錢，但它的品質是國際認證的，我不賣保健食品賺取費用，我只建議大家自己去網站上買。

我開始研究到底應該怎麼吃，用自己的身體去試、去執行，我發現自己的狀況開始比之前吃保健食品還要好，我開始更有信心可以做獨立諮商。但是當我詢問朋友的意見時，朋友們幾乎全部反對，她們認為台灣沒有這種文化和背景，沒有辦法接受獨立而不賣產品的諮商師，她們都認為我一定會餓死，但我執著地想反正銀行裡的存款，可以支持我去按照我的理想來走走看，若真的走不下去，再找工作也不遲。

當時我有朋友介紹我去身心靈中心裡面開課程給客人聽，客人聽後若是覺得有幫助，再自己找我諮商，沒想到兩三個月後就可以支持我的基本開銷，我一個星期只工作三天，卻可以讓自己不但在生活上擁有自由、賺取生活所需，更因為可以幫助很多人的健康而心靈上很滿足。當然聽起來我的工作好像真的時間很短，但只要找過我諮商的人，都可以隨時傳簡訊或打電話問我各種養生的問題，因此我在家裡也常要接諮詢的電話，我卻絲毫沒有不耐煩，因為可以分享我的養生理念，真的很快樂！

因為走上獨立諮商這條路，我與被諮商者之間的關係非常直接，因此我漸漸發現食物對情緒的影響。他們可能按照我的飲食建議，會有一定程度的好轉，但是諮商一共四次，每兩個月回來一次，等於要經歷半年以上，我會持續追蹤他們的健康狀況，每一次我會記錄除了身體上的問題之外，也記錄他們的情緒，然後我發現他們在情緒上的變化。

我的科學邏輯來自北京同仁堂那段工作訓練和經驗，以及廖叔叔健康屋的飲食對健康的影響，其他的我就是不斷由自己的身體和朋友的身體來印證我的邏輯推演，當你掌握到人體運作的基本理論，從基礎上去推演，應該可以怎麼樣，然後去嘗試，身體就會告訴我這樣的推演對或不對，很幸運的，我似乎確實有這方面的天份，也讓我越來越懂得如何大膽推論、謹慎執行、檢驗結果。

當年，在我人生中職場的經歷不順遂時，我還不夠瞭解心境與情緒對身體的影響，因此從很實際的選擇怎麼謹慎「用錢」著手，經過這些年所累積的專業和經驗，我懂得如何用飲食來調整情緒，進而使身心都能夠平衡和健康。

如果此時你在一個困境裡面，眼前是一片黑暗，雖然你想走出來，但手裡只有很少的資源，你可以為自己做什麼？答案就是：「先把身體調好」，讓心臟變強，把手上的錢拿來調整健康，譬如拿來吃肉，優質蛋白帶給心臟力量，**當心臟有力了，不但會比較勇敢，也會更加正面思考**，有了勇氣和正面能量，事情就會往好的地方發展。這就是最簡單的方法。

現在累積多年的自我實踐和諮商經驗後，我想用一種全新的角度與大家分享食物和情緒之間的關連性，以及如何用食物來調整情緒的方法。

這本書我們以我諮商過的真實案例故事，來讓大家理解食物和情緒的關係，並從中找到與自己相同的狀況，找到調整情緒和健康的方法。

書中為顧及個人隱私，所有案例人物名稱和背景皆為虛構。

Chapter2

工作中的常見情緒

焦慮

案例1 章意真／女、28歲 職業／開發人員

我的工作是負責替公司開發新的產品，也是我學校畢業後的第二份工作。

自從進入這家公司後，我的工作壓力常常讓我覺得喘不過氣，因此變得格外怕吵雜的環境，每次只要公司裡有同事講電話音調太高，我就覺得整個人很煩躁，好像很想直接叫他閉嘴。（當然我都有忍下來啦。）

除了常常加班之外，就算準時下班的時候，回到家我也往往覺得疲倦不堪，家人找我講話，我都會覺得很煩。更糟糕的是，我總是覺得心裡慌慌的，深怕自己有什麼工作上的事情遺漏沒有處理好，第二天會被主管責備。

這種莫名的不安讓我覺得很困擾，更影響我的睡眠品質，我變得很難入睡，有時候好不容易睡著，卻被腦子裡某個念頭嚇醒，像是突然想起某個廠商

的名字，我就會突然變得非常清醒，回想今天在公司跟對方通電話聯絡事情時，是否有哪一個點講得不夠清楚？會不會影響下單或出貨？

這樣的日子，我已過了兩年多快三年，情況越來越嚴重，從偶爾失眠，變成習慣性失眠。

接著我發現自己的注意力越來越無法集中，總在別人講A的時候，我卻聯想到：「啊！B事件好像還沒有處理。」每當這種時候胃部就開始覺得悶悶重重的，那種感覺好像是中午吃的飯到傍晚都還消化不了的樣子。

另外，我開始變得零食不離手，總覺得吃零食的時候可以舒緩我的不安，但是付出的代價當然就是我的體重直線上升。最慘的還有呢，如果我連續工作比較多，就會莫名的得急性腸胃炎，每次腸胃炎醫生都叮囑我不要亂吃，但偏偏越不能吃就越想吃，整個就是惡性循環。

我希望可以找到方法讓我的人生可以過得自在一點，不要隨時處在自己有什麼地方會出錯的緊張裡。

邱老師分析

心臟無力的人會有的症狀，多到超乎想像。包括：抗壓能力會比較低，面對壓力容易出現**心慌**、**煩躁**的情緒反應；在餓或是累的時候，也比較容易**不耐煩**。

在日常生活中會常常覺得**疲倦**、**提不起勁**，就好像我們常見到那種很懶惰的人，能坐就不站、能躺就不坐……。而且還會容易嘴饞，一整天嘴巴都停不下來，有機會就會吃零食，尤其是澱粉類的零食，如：餅乾、蛋糕、麵包、洋芋片、各種甜點等等。然後正餐吃完，一定要來個甜點才覺得滿足。以上這些症狀，就是典型的心臟無力。

問題就在於當這樣的人去照心電圖，往往看不出有什麼問題，頂多就是二尖瓣膜、三尖瓣膜有點「叛逆」地小脫垂而已，所以醫生通常都會叮嚀定期做檢查，沒有什麼太大的關係；但是心臟無力對情緒和實際生活上的影響，可是夠嗆的，嚴重起來可能會讓人覺得人生很乏味而活得不耐煩呢。

在這個案例裡，意真還會有怕吵、注意力不集中和失眠的問題。這些狀況通常可能跟缺鈣有關，同時也會跟平常習慣吃的食物有關。缺鈣就補鈣，大家都知道，但是你們知道，吃到不對的食物也會造成怕吵、注意力不集中和失眠嗎？所以就算你去看再好的醫生、吃再好的藥，**只要有食物這項「變數」存在**，你吃再多藥也只能治標不治本。

邱老師飲食建議

章意真症狀：疲倦、怕吵、失眠、注意力無法集中、暴食

心臟無力的飲食調整：

一、一天三餐認真補充**優質蛋白質和澱粉**。何謂優質蛋白質？大家要知道，當蛋白質（魚、肉、豆、蛋、奶）在高溫沸騰的情況下，只要烹調超過15～20分鐘，就會變成劣質蛋白質，不但對身體沒有好處，反而還會造成負擔。因此我才會不斷強調，任何蛋白質烹調的時候，一定要在15～20分鐘以內，這樣才會吃進對身體有幫助的營養。

要調整心臟無力的狀況，**建議選擇紅肉中的羊肉和豬肉為主**。因為紅肉中富含能使肌肉有耐力和爆發力的左旋肉鹼，可以使心臟更強壯，因此對心臟無力有所幫助。

記得可不要以為那就一整天拼命吃肉，就可以立刻改善身體的狀況，吃太多也一樣會適得其反，我們還是要依個人的條件來選擇吃多少量。以下有一個簡單的公式，大家可以依照這個公式來了解自己需要吃多少優質蛋白質：

（身高－110）×3.75＝一天三餐需要的肉量

我們可以把算出來的數量結果，分成五份；早餐吃兩份、午餐吃兩份、晚餐吃一份。因為太晚吃肉，會造成身體負擔，所以晚餐盡量在晚上七點半以前吃完，這時候內臟運作變慢，因此肉的分量可以比較少一些。

「不要再因為想減肥而不吃澱粉」（×3），這句話要說三遍，因為真的很重要，澱粉是心臟絕對不可或缺的營養素。只是澱粉有很多種，什麼樣的澱粉才是對身體好的呢？

一直以來坊間有許多報導總是強調五穀雜糧對身體有多好，五穀米、十穀米、燕麥奶、雜糧麵包……。在我諮商的過程中，不斷遇到追求養生而狂吃五穀雜糧，卻吃出一堆問題的人。

因為許多人其實對五穀雜糧是會有過敏反應的，比如說：皮膚癢、胃脹氣、胃發炎、牙齦腫痛或出血等等，當我告訴他們這些問題的兇手就是五穀雜糧之後，多半的人都會覺得難以置信。事實上醫學研究中麥類之中含有的麩質，就是造成這些身體過敏反應的元凶。除了對麥麩過敏的人之外，缺鈣和貧血的人也不適合吃五穀雜糧的，因為穀物的植酸、草酸含量高，會抑制鈣質，尤其抑制鐵質和鈣質的吸收，所以一定要了解自己的身體狀況，再來選擇怎麼吃。

那麼澱粉到底應該怎麼吃？不是說白米是精緻澱粉對身體也沒什麼好處嗎？其實很簡單，**吃隔夜飯**就對了！當然隔夜飯得要好好保存，放進冰箱冷藏或冷凍一夜，第二天吃。因為當米飯被放入冰箱後，第二天它經過結構改變，就會變成抗性澱粉，**抗性澱粉不但使得熱量降低，還有利於血糖控制，既有飽**

足感，還可以減重呢。所以要建議意真加入「飯桶俱樂部」，認真吃隔夜飯（將前一天放入冷藏或冷凍後的白米飯，在要吃前稍微加熱即可），來讓心臟有力，正面思考，不疲倦吧！

二、哪些食物會造成意真注意力不集中、怕吵和失眠的症狀呢？接下來我們來看看意真其他的症狀**怕吵、注意力不集中、和失眠**，又是那些食物造成的呢？

在我的諮商經驗裡，**蛋、黃豆製品，以及影響神經的食物**都有可能是造成這些症狀的原因。我碰到很多朋友會很驚訝的問：「還有會影響神經的食物喔？什麼食物會影響神經？」我在這裡特別列出會刺激神經的食物讓大家做參考，如果情緒上有和意真一樣狀況的朋友，要確實忌口這些食物喔。

影響神經的食物：

鮭魚、糯米製品（包括油飯、湯圓、麻糬、酒釀、粽子、年糕等等）、竹筍（包括筍絲、筍干）、大白菜、小白菜、大黃瓜、小黃瓜、苦瓜、絲瓜、瓢瓜、冬瓜、芥菜、雪裡紅、白蘿蔔；鳳梨、芒果、龍眼、荔枝、水蜜桃、哈密瓜、香瓜；巧克力、咖啡、濃茶、可樂、瓜拿納茶等。

我知道很多和意真有雷同症狀的朋友，聽到這裡都會呈現傻眼的樣子：「這些都不能吃嗎？」答案恐怕如同你害怕聽到的一樣：「是的，都不要吃。」

其實大自然所供予我們的食材何止萬種，這些只不過是滄海一粟，這樣想你就不會覺得自己好委屈，遠離這些讓你身體不舒服、情緒總是不好的食物，換來身心舒暢，難道不值得嗎？

而且只要忌口兩個星期到一個月，就會感受到效果了。你不需要一輩子都忌口，大約半年到一年之後，視情況可以開始一個一個解禁，如果吃了之後，過去的症狀又回來，那就要再忌口，如果你的身體和情緒沒有產生任何不適，那就可以偶爾吃，要記得，是「偶爾」喔。

另外，我的書中一再強調缺鈣很容易造成情緒上的不耐煩和怕吵，因此意真的狀況應該跟缺鈣也有關係。

補充鈣質，除了吃鈣片之外，食物中也可以攝取鈣質。含鈣的食物包括：綠豆、油菜、空心菜、高麗菜、紫色莧菜、木耳、乾香菇、杏仁、紅棗、蓮子、榛果、蛤蜊；而海帶和紫菜也含有鈣質，但是甲狀腺有問題的人不能吃。

從食物中攝取當然很好，但是每一個人身體的分解、吸收、轉換的能力不同，同樣一份含鈣的食物，實際上身體能吸收的分量很難計算，所以日常生活中可以適量的補充鈣片，建議選擇檸檬酸鈣這一種吸收快且安全性高的鈣片。

意真如果認真忌口上述對她身體和情緒有不好影響的食物之外，再認真補充鈣和攝取優質蛋白質、澱粉後，相信她就能夠有充足且品質良好的睡眠，不再怕吵、煩躁，每天都可以充滿正能量的迎接工作上的挑戰喔！

Chapter 2

工作中的常見情緒

案例2 李麗芳／女、37歲 職業／補習班老師

都說孩子們的升學壓力大，其實要讓孩子升學的老師壓力才大哩。

孩子學測考不好，可以說是老師教不好；家長更會理直氣壯的問補習班老師：「你是怎麼教的？」我常在心裡回罵：「你孩子是怎麼生的？不夠聰明又還不努力，上課不是睡覺就是講話，真是XXX！」但在表面上我只能表現出EQ很高地回：「其實你的孩子只差一點點，真的，只要再努力一點點，下次一定會考得很好。」

其實在補習班教學已經有七、八年了，也許是現在老了，怎麼三十歲的時候就算壓力再大，回到家往往洗個澡就可以立刻上床倒頭大睡，可是三十五歲之後，我就從偶爾失眠，漸漸變成常態性失眠，而且越睡不著，我就越焦慮。

一到了半夜失眠的時候，我就像被餓死鬼附身一般，狂找東西吃，有的時候吃完泡麵還吃蛋糕，等好不容易覺得滿足可以睡了，卻在床上滾半天還是睡

不著，隔一、兩個小時，就又餓了，又再爬起來吃東西，一晚上直到天亮就如此重複地折騰。

我真的很可憐吧？一個因為工作忙碌常常誤餐的人，卻在下班回到家後變成一隻神豬，吃個不停。我的同事說我可能壓力太大，賀爾蒙失調才會這樣，但我去醫院檢查，結果又都說我很正常，我自己對於身體的一些反應其實比較遲鈍，因此檢查說正常，我就想那應該沒關係。只是腸胃的問題讓我很煩，除了像豬一樣吃之外，我也反覆拉肚子（可能是吃太多的關係吧），胃也沒事就痛，很像是有東西在裡面發脹似的。

但是這麼正常的我，到底是為什麼一到晚上就會被豬附身呢？所以我真的很希望邱老師可以幫我找到答案，讓我可以「驅魔」不要半夜再被附身了。

邱老師分析

相信很多上班族看了麗芳的狀況，都會心有戚戚焉。人在江湖走，就一定會有壓力，面對壓力其實有很多可以調適的方法，但是麗芳卻用暴食來發洩，很多人選擇的方法，下意識的用吃來彌補或宣洩心理上的問題，可是啊，這不但不能真正的紓解壓力，反而會在惡性循環裡兜圈圈，並且還在壓力上增加健康的麻煩。把工作壓力帶回家，再把家裡的問題帶去上班，在煩惱的線團裡繞來繞去，越繞越亂呀。

通常我們的外在行為會反映出我們內在的匱乏，像麗芳因為在工作上沒有成就感，因此拿吃來填補，但這並無法解決自己內在心理上的問題。

想想這個世界上有多少人可以做一份自己喜歡、有成就感同時又可以賺錢的工作？就算再有興趣的事情，變成工作就不可能只做好玩的那一部分，你得接受過程裡其他繁瑣、單調的部分。其實更多的時候，**工作只是我們賺取生活溫飽的途徑而已**，當工作令人無法得到肯定或成就感的時候，應該要先好好想想，自己又為這份工作做到什麼？每個月領公司的薪水，你真的有給公司帶來貢獻嗎？天下不可能有**「給你錢、還負責讓你有成就感、還讓你快樂」的好事，誰又該為你的成就感和快樂負責呢？**你沒有權力對工作的要求這麼多，就算是付你薪水的老闆，你以為你會帶給他成就感或快樂嗎？他還是付你錢的人耶。

我們對工作的需求是一份可以提供生活溫飽的薪水，若工作內容無法提供你成就感，也許應該自己去培養，並嘗試尋找自己的嗜好或第二專長，讓自己能夠投入其中享受樂趣。比如有人投入學習園藝治療、有人學習養生、有人練瑜珈、有人學打毛衣、烹飪……，**工作不該是生命的全部**，學習調整生活重心的比例，就像我們常常看到許多企業大老闆也去練三鐵或爬山、打球，只要是人都一樣，如果你下了班就什麼都不想做，這種心理狀態你該要自己負責，如果是健康狀況造成的，你有責任為自己改善，多花點時間讓自己健康，在工作上自然也會變得比較輕鬆，而不是把所有責任都推給你的工作。

在身體上麗芳的不健康起因是失眠，在生理上失眠的起因有很多，比如：上肝火。我們吃進去的食物也有可能造成失眠，如黃豆製品和蛋類製品；更別說是會刺激神經的食物（包括：鮭魚、糯米製品等等），以及缺鈣也會造成失眠。

但是當我們失眠的時候，如果因為睡不著焦慮而乾脆不睡，爬起來處理公事、看電視、看書等等，甚至像麗芳這樣吃個不停，想要等大腦當機再去睡，結果第二天精神不濟的去上班，事情當然做不好，生活就變成鬼打牆一樣的惡性循環。**睡覺之前吃太多東西會造成血糖升高，反而會興奮而更加睡不著**，所以**睡覺前暴食不論對生理或心理都是很可怕的殺手**。

在失眠問題調整好之前，建議麗芳如果再碰到睡不著的時候，可以閉目養神也好，**中醫的理論上「肝開竅於目」，所以眼睛可以閉上休息就等於養肝**，然後放鬆身體，慢慢做腹式深呼吸，接著與其念頭亂轉越想越睡不著，不如用心來感謝自己的身體，從頭開始一樣一樣去感謝身體的每個器官，在過程中如果放鬆有睡意了，就安心去睡吧，那表示你的身體接收到你的感恩，決定放你一馬，讓你一夜好眠呢。

邱老師飲食建議

李麗芳症狀：失眠、反覆拉肚子、暴食、胃脹、胃痛

麗芳的失眠，建議需要嚴格忌口：

1. 上肝火的食物，包括：高溫油炸、高溫燒烤、碳烤、高溫快炒、爆炒方式烹調的食物。另外：沙茶、咖哩、紅蔥頭、紅蔥酥、麻油、薑母鴨、麻油雞、羊肉爐、藥燉排骨等。堅果類的有：芝麻、花生、杏仁、核桃、開心果、南瓜子、葵瓜子、蠶豆、腰果、松子、夏威夷果仁、米漿（含花生）等。水果類的則有：荔枝、龍眼、榴槤、櫻桃等。飲料類則有：咖啡、市售黑糖薑母茶等。
2. 蛋類製品，包括：雞蛋、鵪鶉蛋、鴨蛋、皮蛋、鹹蛋、鐵蛋、蛋糕、蛋捲、蛋餅、泡芙、布丁、茶碗蒸、美奶滋、銅鑼燒、牛軋糖、蛋黃酥、蛋蜜汁、鳳梨酥、含蛋的餅乾麵包等西點類。
3. 黃豆製品，包括：豆干、豆皮、豆腐、豆花、豆漿、黃豆芽、蘭花干、素雞、素肉、味噌、毛豆、納豆、素火腿、黑豆、黑豆漿、豆豉等等。
4. 影響神經的食物，包括：鮭魚、糯米製品（如油飯、湯圓、麻糬、酒釀、粽子、年糕等）、竹筍（如筍絲、筍干）、大白菜、小白菜、大黃瓜、小黃瓜、苦瓜、絲瓜、瓢瓜、冬瓜、芥菜、雪裡紅、白蘿蔔；水果類的鳳梨、芒果、龍眼、荔枝、水蜜桃、哈密瓜、香瓜；甜食飲料類的巧克力、咖啡、濃茶、可樂、瓜拿納茶等。

麗芳需要補充的飲食有：

攝取含鈣的食物，包括：綠豆、油菜、空心菜、高麗菜、紫色莧菜、木耳、乾香菇、杏仁、紅棗、蓮子、榛果、蛤蜊；而海帶和紫菜也含有鈣質，但是甲狀腺有問題的人不能吃；也可以吃檸檬酸鈣來補充鈣質，**因為鈣質有安定神經的作用，當神經安定了，不但不容易失眠，同時也會減少焦慮的狀況**，一旦不焦慮，神豬就很難再附上你的身，甚至麗芳緊張時拉肚子的症狀也就可以不藥而癒。

胃痛和脹氣的原因不外乎以下三點：

1. 吃東西太快。建議麗芳每一口食物都咀嚼三十下後才吞下去，這是養好胃的基本功呢。
2. 食物引起。會造成我們脹氣的食物有：黃豆製品、糯米製品、五穀雜糧、竹筍，以及甜食（如蛋糕、餅乾、麵包等等）。所以這些食物也要先乖乖忌口。
3. 焦慮的情緒。所以要認真補鈣啊！

最後要提醒麗芳的是，三餐一定要定時、定量，其實不管工作有多忙，停下來吃個飯絕不會讓你的工作因此不保，長時間的三餐不定時和暴飲暴食，會造成的疾病是很多的，像是糖尿病和膽結石等等，誰想付出這種代價呢？所以要切記我的叮嚀喔。

憤怒

案例1 張家明／男、42歲　職業／業務

女人真的很煩！

不論是在辦公室裡或者是家裡，我都覺得女人很煩！

我們辦公室裡的女同事，總是一天到晚要別人幫忙，小到辦公用品，黃小姐就一天到晚嚷：「小張你有剪刀嗎？」、「小張借我釘書機！」、「小張影印機壞了，你幫我看看。」、「小張你幫我叫一下快遞。」

好像全公司她最忙，別人都該被她使喚，拜託喔，大家的職位都一樣，憑什麼要別人幫她這個那個的。

另外一位李小姐也是，一天到晚說：「小張你等下去哪裡？我想搭你便

車。」有夠過分的，我是她的私人司機嗎？而且拜託喔，我年紀比她們都大好不好，小張、小張的叫，有夠沒有禮貌的。

在辦公室我真的是受夠了，家裡的老婆、女兒還不放過我。每天一回家老婆就唸唸唸，有夠囉嗦的，女兒也唸唸唸，我真的是倒了八輩子的霉，欠這些女人的喔？

每天帶著這些憋在心裡的怒火，我雖然不至於罵辦公室的女同事們，但開車的時候只要有人超車或者是按我喇叭，我整個火就會燒起來一定要憋他們的車才覺得爽。

我有次真的忍不住跟老婆大吵，那次我真的很兇，她還大哭，我也不記得我是說什麼，反正就是：「妳這個女人到底幹嘛這麼囉嗦，可不可以讓我靜一靜。」之類的。

那天晚上我半夜胃很不舒服，就是燒燒的感覺，然後又一直翻胃酸，後來這個毛病就一直跟著我，三不五時就來一下，很煩人。

我本來有養成每天早上吃完早餐後會上廁所的習慣，但現在常常上不出來，應該就是別人說的便秘吧！雖然有點難以啟齒，可是這也只是生理現象而已，跟隨著便秘的就是痔瘡，後面這點真的很惱人，因為只要我熬夜或者是冬天吃吃麻辣鍋，它就會發作，讓我生活很痛苦。

是不是這些女人離我遠一點，我的身體可能就會好吧！

邱老師分析

和同事之間，很多時候能幫忙則幫，這是人與人之間的相處之道，但家明偏偏要往負面去想成自己被使喚、被占便宜，其實只要轉個念頭，有能力的人才能夠幫助別人呀。若是真不想幫，也可以找個藉口輕描淡寫地拒絕，諸如：「不好意思，我現在沒空喔。」、「我有事正在忙，等我有空再幫你好嗎？」，實在沒有必要憋得自己一肚子氣，還是得幫別人做。

說穿了家明就是欠缺「被討厭的勇氣」，因此對不公不義，以及自己明明不想做或不滿時，也不敢說NO，這樣的結果是自己造成的，跟別人無關，我真的一點也不同情你。而且當你為了不被別人討厭，而一直忍耐著你受不了的事，有一天你會像氣球被灌飽了氣，哪天一不小心就炸開來，別人反而會覺得你是個小心眼的神經病，不是划不來嗎？

家人的叮嚀與關心，也被他視為碎嘴囉嗦，想想有多少人需要家人的溫暖，卻因為失去家人而感到孤苦無依？當你有人給予溫暖的時候，就算是嘮叨的聲音，也應該要感覺幸福才是。人若不懂得珍惜，什麼時候都不會快樂的。

希望家明在食物調整以及補充鈣，並且不要再熬夜之後，心理也能夠因此豁然開朗，看待事物有更美好和正面的角度。而認真忌口上肝火的食物後，也比較不會常常一把無名火莫名就燒起來。

家明其實是典型的上肝火反應，如果有看過我《擇食》的人，看了家明的案例應該都很容易就判斷出來。

上肝火的人會有以下的症狀：

口臭、口乾舌燥、有眼屎、眼睛乾癢、長針眼、失眠、膚色黯沉、臉上長黑斑、大便乾硬且顏色深、便秘、痔瘡、胃食道逆流、脾氣暴躁、無名火。

我諮商的人裡面，幾乎十個有九個都有上肝火的問題；為什麼會上肝火？第一種原因是長期嗜吃上肝火的食物；第二種原因是大多數人的問題，那就是熬夜；第三種則是情緒壓抑，尤其是壓抑憤怒的情緒。

而家明**害怕跟別人起衝突、怕被討厭、就算被占便宜也只會咬牙硬忍，這些原因多半跟心臟無力有關**。心臟無力的人，還容易感覺疲倦，累的時候就會不耐煩、嘴饞之外，有負面思考傾向。

想要給自己的生活一片藍天，其實不難，只要從飲食上調整就可以了呢。

邱老師飲食建議

張家明症狀：暴躁、無名火、胃酸逆流、便秘、痔瘡

1. 嚴格忌口上肝火的食物。包括：高溫油炸、高溫燒烤、碳烤、高溫快炒、爆炒方式烹調的食物。另外：沙茶、咖哩、紅蔥頭、紅蔥酥、麻油、薑母鴨、麻油雞、羊肉爐、藥燉排骨等。堅果類的有：芝麻、花生、杏仁（高溫烘焙過的）、核桃、開心果、南瓜子、葵瓜子、蠶豆、腰果、松子、夏威夷果仁、米漿（含花生）等。水果類的則有：荔枝、龍眼、榴槤、櫻桃等。飲料類則有：咖啡、市售黑糖薑母茶等。
2. 不要熬夜。每天最晚11點前要睡著（是睡著喔）！
3. 認真補充優質蛋白質和澱粉。（請參考上一個案例。）
4. 認真攝取含鈣的食物。包括：綠豆、油菜、空心菜、高麗菜、紫色莧菜、木耳、乾香菇、杏仁、紅棗、蓮子、榛果、蛤蜊；而海帶和紫菜也含有鈣質，但是甲狀腺有問題的人不能吃；適量補充檸檬酸鈣片。

為什麼家明的狀況是因為上肝火和心臟無力，我卻也建議他要補鈣呢？因為肝臟的功能當中，有一項重要的任務是製造腎臟所需要的白蛋白，長期上肝火會使這項功能降低；而當腎臟長期得不到白蛋白，就會變成我們所謂的「腎虛」，腎虛之後鈣質就會容易從尿液中流失。人的身體機能就是這樣的環環相扣，所以家明也需要補充鈣質。

除了上述這些家明要認真做之外，也要好好檢視一下自己平常愛吃的食物，是不是有許多劣質蛋白，不但無法給身體好的營養，反倒造成傷害。哪些是劣質蛋白食物呢？唉！我只能說，它們真是無處不在的；舉凡滷肉、紅燒肉、滷蛋、茶葉蛋、烤鴨、燒鵝、鹽水雞、滷豆干、滷豆腐、滷豆皮等等。這些食物都是烹煮很久之後，蛋白質已經被破壞了，就成為劣質蛋白質。

另外要再次提醒家明，櫻桃、榴槤、麻辣及上肝火的食物，絕對要忌口，不然痔瘡發作時會讓你痛不欲生。當家明不上肝火、心臟開始有力充滿正能量，就能每天精神飽滿，再加上把鈣補夠，人也可以氣定神閒，人生從此會變彩色的啦！

Chapter 2
工作中的常見情緒

案例2 趙小雲／女、27歲　職業／行政人員

Shopping是我最愛的事情，每天不論是上班時間，或者放假，我最大的消遣就是Shopping。

我刷爆了三張卡，每張卡都在付循環利息，所以每個月的薪水幾乎都拿去還卡債。我媽媽每天都罵我，說我是敗家女，有的時候又說生下我真是造孽。我知道她也很辛苦，因為我是單親家庭的小孩，她一個女人把我帶大真的很累，但她每次罵我的話也未免都太傷人了。

她越罵，我就買得越兇，常常被她罵完，我就立刻上網去買東西。

在公司也是，我的主管很情緒化，心情好的時候她就什麼都好，心情不好的時候拿什麼文件給她都會被罵，而且她也是那種罵人很難聽的，什麼：「妳是豬啊？豬都比妳聰明，跟妳講過多少遍簽呈要用紅色的檔案夾！妳回家去好了，公司幹嘛要養一隻豬？」我總是表面很平靜的低著頭讓她罵，被罵完，

走回座位上，我就又開始上網買東西。

其實我很恐懼，如果我再繼續這樣Shopping下去我有可能真的會破產，而且現在想再申請信用卡都被說我的信用不佳，根本申請不下來，如果以後沒有錢可以Shopping我還不如去死算了。

對了，我想問邱老師，我雖然今年還不到三十歲，可是我的臉上開始出現黑斑，而且膚色也變得很不均勻，看起來黑黑黃黃的。另外有一點很害羞，我常常覺得自己好像有口臭，有的同事跟我講話時，本來會比較靠近，但等我開口說話，她們就會往後退一下，所以我猜是我有口臭吧，但我也不好意思問別人。這些現象，我覺得好像是我這個年紀不該有的吧？

邱老師分析

小雲的狀況看起來就像是《購物狂的異想世界》裡的麗貝卡一樣，不斷揮霍無度，只能自圓其說地逃避債務。當我們稱一種行為冠上「狂」這個字，就代表這個行為已經超出正常範圍。

購物應當量入為出，購買「需要」和「喜歡」的東西，小雲會在線上刷完卡之後完全忘記自己買了什麼，這很明顯地是成「狂」的現象。

每當遭受責罵或者是挫折，購物成了小雲逃避現實和發洩壓力的方式，但如果這個方式真的有用，小雲就不會陷在裡面，無法自拔，導致背負卡債。解決壓力的方法，絕對不會是用這種對身心皆無益的花錢可以解決的。

當我們身體這個小宇宙，因為不對的飲食習慣、不良的生活習性而失去平衡之後，我們所應對的外在世界，也會跟著失去平衡，各種不如意的事就會接踵而來。

所以要跳脫晦暗的人生，一定要回到根本的源頭來調整，選擇對身體健康和對情緒有穩定作用的食物。除此之外，**任何人都要學著面對自己的情緒，並且要接受自己的感受，不開心、憤怒、被嫌棄的挫折，這些讓自己不舒服的情緒不會靠購物就消失。**

不喜歡自己的外表，可以仔細讀這本書的內容，找出跟自己相同的症狀，按照我給予的建議去調整。當身體調整好了，體態會變好、皮膚會變漂亮，氣色也會好看起來，整個人就會變亮眼，**當心臟有力，抗壓性就會變強，情緒也就不會輕易被上司或者身邊任何人牽著鼻子走啦！**

會導致小雲無法振作的原因，從日常生活的飲食中就可以解決，先避開那些會讓人體質虛寒、懶洋洋的寒性食物（包括：白菜、黃瓜、苦瓜、冬瓜，還有芥菜、白蘿蔔、生菜沙拉、生魚片、冰品等等），另外因為小雲常會煩躁和有無名火，因此也要忌口上肝火的食物（如：高溫油炸、高溫燒烤、碳烤、高溫快炒、爆炒和沙茶、咖哩、麻油、以及花生、開心果、核桃、腰果、杏仁，吃起來會酥脆會香用高溫烘焙的堅果類。）

當避開這些讓自己情緒不好的食物之後，接下來就要補充能讓自己容光煥發、精神飽滿又還能讓自己心情快樂的食物，以下就是給小雲的飲食建議。

邱老師的飲食建議

趙小雲症狀：長黑斑、膚色黯沉、口臭

1. 認真吃三餐，三餐的原則一定要是：營養均衡，讓每一餐都有肉有菜有澱粉（但是記得要是抗性澱粉，如：隔夜飯）。而早餐我們則用兩種水果來代替菜。
2. 吃足夠的優質蛋白質（可看第一個案例的優質蛋白攝取計算方式）和澱粉。澱粉可以讓心臟有力、能量充足，因此有正面思考的能力。
3. 下午四點以後，不要吃葉菜類和水果，因為它們是寒性食物，盡量早一點吃。
4. 補充含鈣食物，包括：綠豆、油菜、空心菜、高麗菜、紫色莧菜、木耳、乾香菇、杏仁、紅棗、蓮子、榛果、蛤蜊；而海帶和紫菜也含有鈣質，但是甲狀腺有問題的人不能吃，以及適量補充檸檬酸鈣片。
5. 適量補充富含**可以讓情緒快樂的血清素食物**，如香蕉、堅果類（但要選擇低溫烘焙或水煮的）、雞肉、海藻、澱粉等。

至於小雲的黑斑和口臭、膚色黯沉的問題，只要不熬夜，忌口上述的食物，很快就可以獲得改善。

挫折

案例1 黃怡心／女、33歲　職業／傳播

最近我不論是坐捷運、上班、吃飯，或是晚上睡覺時，常常無緣無故的想哭，我不知道自己怎麼了。

有跟好朋友說我最近的狀況，朋友問我是不是有發生什麼讓我難過的事情？但我的生活就是一直都這樣，並沒有什麼特別的事情發生。

他說我可能是憂鬱症，叫我去看醫生。可是我才不要去看醫生，我不想讓我的人生中有「精神病」的紀錄。邱老師我真的很痛苦啊。

我有試著整理我的生活：

- 沒錯，我的工作時間很長，但是所有傳播業的人工作時間都很長呀。

• 我常常做節目企畫的時候，被我的主管嗤之以鼻的說：「你是腦子進水啦？這種節目連狗都會覺得無聊吧！」剛開始他這樣說我，我的確覺得很難堪，但現在也漸漸麻木了。

• 主持人常常摔我的腳本，然後說：「這樣的內容怎麼會有收視率，我不錄了。」我覺得很無力，明明我已經很努力去想梗了，為什麼他總不認同我？但我也只能現場趕快改腳本，解決問題就好。

• 我第一次看見自己的名字在節目後有出現，我很興奮，但按捺住我的興奮問我爸爸：「你有看到我的名字嘛？」我爸爸冷冷的說：「又不是放在前面，我幹嘛要節目結束還在那裡慢慢等著看妳的名字？」我是有點失望，但他從小就是對我這樣，我早就習慣了。

總之，不論我自己怎麼想，都找不出老是想哭的原因。而且我開始對生活提不起勁，以前同事收工以後會相揪去吃飯、喝兩杯，我也總是會參加這種聚會，但現在我收了工就只想回家躺在沙發上看電視。而且不參加聚會還有一個原因，我現在好怕吵，同事們七嘴八舌或餐廳裡的吵雜聲，都讓我會很想發脾氣。

另外我還有了老人的習慣，每次吃完飯，就覺得想要吃甜的東西，明明我之前都不會呀，現在不吃甜的就覺得不滿足，雖然這點不算很麻煩，但我覺得這樣好像老人喔。

比較麻煩的應該是我的精神變得很差，上班往往不到幾個小時我就覺得睏，而且吃過中飯就開始頭腦不清楚，所以更容易被製作人罵，這點就真的很麻煩了。邱老師妳可以幫幫我嗎？

邱老師分析

莫名的情緒低落，相信很多人或多或少都有過這樣的體驗，但它如果是經常性發生，就不能等閒視之了！

「無力感」是現代很多上班族都會有的情緒感受。常聽朋友談起所謂的「魯蛇人生」，是指工作上沒有成就感，上司只會爭功諉過、同事勾心鬥角、家人關係疏離、伴侶不體貼，得不到關心和支持。這種人生就像拿一把很鈍的鋸子在鋸自己的脖子，什麼時候把自己的脖子鋸斷了，才能從無力感中解脫。

很多朋友會談著自己的魯蛇人生，一邊對著我說：「邱老師，我真羨慕你，你的生活都可以掌握在自己手上……。」我的回答通常是：「我一點也不同情你。」聽起來好像很冷酷，但我只是告訴大家一個事實：「每一個人的生活都是掌握在自己手上的。」

有些人把自己的喜怒哀樂……所有的情緒都由別人來決定，成天只鑽在別人怎麼看我、怎麼評價我，在追求別人的肯定中迷失自己。

就像怡心，看起來已經對自己的工作失去熱情，卻每天耗費生命在這個工時長、不被肯定、不快樂而充滿無力感的環境裡，為什麼不思考轉換工作跑道的可能性呢？

第一，我不是說只要工作不快樂就該換工作，如果你只是被自己負面思考困住和推諉自己在工作上的不足，那麼你換什麼工作都一樣，永遠都不會在工作裡獲得快樂。

第二，如果你有很沉重的家庭經濟負擔，也可能無法輕易的換工作，但你總可以開始騎驢找馬，慢慢找到可以讓你真心喜愛的工作吧。

排除以上兩點，當別人回我：「邱老師說得簡單，換工作有那麼容易嗎？就算我每個月不吃不喝光基本開銷就有多少啊！」

碰到這種人，我就會要他認真的算出生活基本開銷到底有多少？其實認真算算，所謂的基本開銷是指：水電瓦斯這類無可避免的花費，然後是你維持健康所需的飲食：肉、菜、水果、澱粉等等，我想最多就是加上房租和電話費，一個人要生活，真的需要花多大的金額來維持呀？

當然，若是要加上給情緒不良影響的各種花費：含糖的飲料、零食、喝酒；下班唱 KTV 或是泡夜店、打電動、Shopping 等，恐怕賺多少你都會嫌不夠。

所以這個惡性循環的公式會變成：

因為工作不愉快↓所以下班去花錢↓因為要花錢↓所以不敢換工作↓因為不敢換工作↓所以更不愉快↓因為更不愉快所以要花更多錢↓所以更不敢換工作。這就是自己綁死自己，自己拿鈍鋸子鋸自己脖子的例子。

我一直覺得，**生活慾望越低，生命的自由度就越大**。如果我們只回歸生命的本質：簡單能供給營養的食物，簡單的生活作息，身體調整好了，心靈自然會沉靜，當心靈能夠沉靜，就算碰到眼前看似處處波折的狀況，也能夠看見出口的方向，能夠讓心靈快樂的事情很多，但絕不是花錢可以買來的。

如果你也像怡心一樣，對生活、工作充滿了無力感，常常情緒低落、抑鬱，但又暫時無法換工作，那麼幫自己一個忙，好好地調整自己的飲食和生活方式，要知道很多食物吃進身體裡，帶給我們的不只是身體上的傷害，更會造成情緒上的嚴重影響喔。

邱老師飲食建議

黃怡心症狀：莫名的情緒低落、怕吵、飯後嗜吃甜食、容易疲倦

長期嗜吃黃豆類的製品，或者是**缺乏含血清素和葉酸營養素的攝取，都很可能引起情緒低落和憂鬱的可能性**。所以接下來好好看我給怡心的飲食建議吧：

1. 先避開吃黃豆類製品（如豆干、豆皮、豆腐、豆花、豆漿、黃豆芽、蘭花干、素雞、素肉、味噌、毛豆、納豆、素火腿、黑豆、黑豆漿、豆豉等）。
2. 認真補充富含血清素和葉酸的食物。富含血清素的有：香蕉、堅果（要選擇低溫烘焙或水煮的）、雞肉、五穀雜糧類、海藻等。富含葉酸的有：深綠色蔬菜、瘦肉、肝臟、紅蘿蔔、奇異果等。

（另外，在我的經驗裡補充鈣也很重要，我前面已經說過很多次鈣的作用，這裡就不再重複。）

而**怡心提不起勁、頭腦不清楚、精神差，還有飯後一定要吃甜的⋯這些狀況都跟心臟無力有關，所以還是一句老話：「認真吃肉、認真吃肉、認真吃肉（因為很重要所以講三遍）！」**

我想看到這裡，大家應該都已經清楚心臟需要的養分有優質蛋白和澱粉吧！所以每天攝取身體所需的份量是非常重要的。為了讓大家更加了解三餐份量該如何拿捏，以下是我擇食餐的吃法：

1. 早餐前：一湯匙薑汁＋100CC 熱開水＋適量果寡糖或二號砂糖
2. 早餐：一碗擇食雞湯＋優質蛋白兩份（計算方法參考案例 1.章意真）＋兩種水果（兩種加起來份量為一個飯碗）＋隔夜稍微加熱的白米飯（適量以整體吃完約八分飽為標準的份量）
3. 午餐：優質蛋白兩份＋兩種煮好加起來一碗的菜＋澱粉（隔夜稍微加熱的白米飯，以整體吃完約八分飽為標準的份量）
4. 晚餐：優質蛋白一份＋一種煮好的菜半碗＋澱粉（隔夜稍微加熱的白米飯，以整體吃完約八分飽為標準的份量）

只要照這樣該忌口的忌口，該多吃的食物也好好照吃，那麼怡心的各種情緒問題和健康問題，一定會越來越改善的。

邱老師情緒輔助小工具

提振低落的情緒，除了飲食上的選擇之外，還有很多方法可以給予幫助。譬如早上醒來時，聽非洲鼓的音樂，節奏歡樂明快的鼓聲，有助於提升情緒。音樂療法一直是在情緒治療上很重要的一環，不同的情緒狀況，可以用不同的音樂類型來加以安撫、激勵或抒發。

在工作上我們常會有紛擾混亂的情緒，這時可以聽聽大提琴的樂曲；而暴躁、憤怒時，可以聽聽古琴。焦慮不安時，可以試試水晶缽或頌缽。

當平常我自己想放鬆的時候最喜歡聽的就是「佛咒」，尤其是馬常勝的〈藏語六字大明咒〉、〈藏語觀音十法〉、〈金剛薩埵百字明咒〉，和來自尼泊爾的尼僧瓊英卓瑪的〈大悲咒〉，都能讓我在吟唱中覺得寧靜和放鬆，這些音樂在Youtube網站上都可以找得到，分享給各位讀者。

不安

案例1 孫逸飛／男、36歲　職業／財務

我從小就是個循規蹈矩，品學兼優的人，畢業之後立刻進入企業擔任財務的職位。雖然還沒有當上財務長，但在同儕之中，薪水卻是很高的。

由於工作內容，我對於公司的財務當然瞭若指掌，每一年看著數字的起起落落，我的心卻如同中醫把脈一般，能夠感受到公司的潛在危機。跟財務長略略提起過，雖然帳面看似有高有低，其實卻是逐年下滑。財務長簡短的說：「事情沒有你想得那麼嚴重，公司是賺錢的。還有，我們的職務是不能彼此討論的。」

當然公司的整體財務我沒有那麼清楚，我的工作只負責所有事業體的其中之一，但我負責的部分看起來沒有那麼樂觀。因為一直要求自己必須是優秀的人，我格外擔心公司的狀況，萬一我們公司經營不下去，我該怎麼辦？是不是

應該要未雨綢繆，先開始找工作？財務長說沒那麼嚴重，是安慰我嗎？如果在不知不覺中，公司經營不善我被裁員，那豈不是要讓我的朋友看笑話？

這樣的憂慮讓我體重直線下滑，我本來就是不容易胖的人，這三個月來我就瘦了兩公斤，因為我這三個月要不是便秘，要不就是拉肚子。

晚上也不易入眠，就算好不容易睡著了，也很容易驚醒，白天精神自然就不好。跟朋友聚餐，朋友說：「你怎麼越來越瘦？你是我們當中工作最好的人，薪水又高，幹嘛捨不得吃啊！」聽朋友這麼酸我，我以苦笑回應他們，外表看似我比他們都好，但我內心的憂慮哪裡能告訴他們。

我還擔心自己是不是得了肺癌，因為我常常乾咳，老覺得喉嚨有痰卻咳不出來，很不舒服。而且我常常急性咽喉炎，可能是我呼吸道比較弱吧，稍微著涼，或是有其他同事感冒，我就會咽喉發炎，反覆看醫生，每次吃藥覺得好不容易好了，卻不久又發炎。

我有跟我姐姐大概說了一下工作的狀況，我姐姐給我一個大白眼，然後說我想太多、吃飽了撐著……等的評語連珠砲地攻擊，一點也不能體會我的煩惱。要知道，我之所以能有今天，就是因為我看事情看得很遠，自己的姐姐一點也不了解我。至於父母，我更加不敢讓他們擔心，因為我是他們的驕傲，他們總跟朋友說自己的兒子有多優秀，我真的不敢讓他們知道我的公司有一天可能會倒閉。

就這麼訴之無門，我想我還是先把履歷表丟到 Head Hunter 上比較好吧。

邱老師分析

逸飛的狀況是典型的「情緒影響身體」的例子。這樣的人不是叫他想開一點就有用的，因為悲觀的負面思考傾向，不是一夜之間發展出來的。**情緒影響身體各種不健康的狀況只是「果」，往前追溯「因」，才能找到調整健康的方向**。

什麼樣的狀況有可能影響一個人，讓人出現悲傷、憂慮和負面思考的傾向呢？那就是**「肺虛」**！大家一定會問：「那又為什麼會肺虛？」簡單歸納造成肺虛的原因有：

1. 飲食失調。
2. 睡眠不規律、熬夜。
3. 抽菸、長期吸入二手菸或長期吸入霧霾等。
4. 母親懷孕時，蛋白質攝取得不足或不對，會造成先天心肺功能較弱。

曹雪芹的《紅樓夢》裡有一位非常有名的肺虛患者，相信大家不難猜到，那就是林黛玉。很多人只覺得她多愁善感、心眼針孔大、沒事找事……；但是在我眼裡，她就是個早年喪父喪母、又寄人籬下，沒有安全感的小女孩，心肺功能極差，所以容易把事情的狀況都想像得慘不可言，是肺虛的代表人物。講到這兒，我又想到那位杞國人，總是擔心有一天會突然天塌地陷，因此每天憂愁度日，這位「杞人憂天」的超級肺虛者，不就正好跟逸飛的狀況大同小異嘛！

雖然我不想嚇大家，而想盡量輕鬆的描述肺虛的狀況，但事實上長期憂慮事情變糟的恐懼，還會造成呼吸道容易發炎，所以逸飛的咽喉炎會反覆發作，另外還有人因此而氣喘纏身。

至於逸飛思慮過多而難以入睡、淺眠多夢、便秘和拉肚子反覆交替出現的症狀，也和他情緒不安有很密切的關係，這些讓他困擾的身體狀況倒也不難改善，我們一樣一樣來解決，情緒的死結打開了、身體調整好，他的明天又可以是樂觀而健康的喔。

邱老師飲食建議

孫逸飛症狀：失眠、咽喉反覆發炎、便秘與拉肚子交替出現

肺虛的人要好好遵守以下的規則：

1. 嚴禁菸酒。
2. 空氣品質不好的時候，一定要戴口罩。
3. 優質蛋白和澱粉要攝取足夠。

逸飛已經有拉肚子和便秘交替出現，和他的常發生咽喉炎，則需要忌口以下的食物：

1. 寒性食物，包括：白菜、黃瓜、苦瓜、冬瓜，芥菜、白蘿蔔、生菜沙拉、生魚片、冰品等等。

2. 刺激性食物，包括：沙茶、咖哩、麻辣、胡椒、山葵（哇沙米）、茴香、八角、花椒、孜然等辛香料。

3. 上肝火的食物，包括：高溫油炸、高溫燒烤、碳烤、高溫快炒、爆炒方式烹調的食物。另外還有，沙茶、咖哩、紅蔥頭、紅蔥酥、麻油、薑母鴨、麻油雞、羊肉爐、藥燉排骨等。堅果類的有：芝麻、花生、杏仁、核桃、開心果、南瓜子、葵瓜子、蠶豆、腰果、松子、夏威夷果仁、米漿（含花生）等。水果類的則有：荔枝、龍眼、榴槤、櫻桃等。飲料類則有：咖啡、市售黑糖薑母茶等。

如果有氣喘的朋友還要忌口：

1. 影響神經的食物，包括：鮭魚、糯米製品（油飯、湯圓、麻糬、酒釀、粽子等等）、竹筍（包括筍絲、筍干）、大白菜、小白菜、大黃瓜、小黃瓜、苦瓜、絲瓜、瓠瓜、冬瓜、芥菜、雪裡紅、白蘿蔔；鳳梨、芒果、龍眼、荔枝、水蜜桃、哈密瓜、香瓜；巧克力、咖啡、濃茶、可樂、瓜拿納茶等。

2. 表皮帶絨毛的水果，如奇異果、桃子、水蜜桃、草莓、枇杷等。

日常生活可以補充：百合、銀耳、蓮子、蓮藕、西洋參和山藥（有婦科腫瘤者不宜吃山藥）。

難以入睡和淺眠多夢則需要：

補充鈣質，多攝取含鈣食物（包括：綠豆、油菜、空心菜、高麗菜、紫色莧菜、木耳、乾香菇、杏仁、紅棗、蓮子、榛果、蛤蜊；而海帶和紫菜也含有鈣質，但是甲狀腺有問題的人不能吃；也可以適量的吃檸檬酸鈣來補充鈣質），來安定睡眠。

邱老師情緒輔助小工具

逸飛胡思亂想的不安情緒，可以藉由頌缽的繞缽或禪繞畫來靜心喔。

比較

案例1 許怡靜／女、36歲　職業／雜誌編輯

是不是過了30歲小腹婆就一定會漸漸成為大腹婆呀？

我承認我很懶惰，不愛運動，但最主要的原因是我的工作都坐在辦公室裡，每天一坐就是八小時，碰到截稿的時候就更久，有時候那些記者愛拖稿，還會讓我工作到半夜。

這真的很不公平，為什麼記者就可以這麼受重視，不交稿好像誰也拿他們沒辦法，編輯要抱怨，主管就總說：「他們很辛苦，每天在外面跑，難免截稿會晚一點。」那我們就不是人嗎？難道他們在外面跑，我們都在玩嗎？公司為什麼這麼不公平！年終獎金也都是記者拿比較多，如果公司只看重他們，那乾脆把整個編輯組都裁掉呀，反正記者最厲害，他們自己寫、自己編、自己校對不就好了。

但是以上這些話我都不敢跟主管說，只能自己在心裡氣！

還有，我們編輯部有一個同事，每天都遲到，上班老在滑手機，要不就玩Candy crush，每次為了等他下標題，我們都需要配合他，我也跟主管反應這個問題，但我的主管居然說他是藝術家，沒辦法。這是什麼標準，到底有沒有標準啊，他是藝術家，我是蠢蛋嗎?藝術家就可以遲到，那不是藝術家就該死嗎?

我跟會計部的同事抱怨，她跟我說了一大堆大道理，說是因為那位「藝術家」確實每次想標題都很厲害，很有才華，那是他的生存本事，要我不要計較那麼多，巴拉巴拉地說了二十分鐘，聽得我都快爆炸了。我當然沒有跟她吵架，我最喜愛和平，不喜歡跟別人起衝突，但我就跟那個同事漸漸疏遠，像她這種不明事理的人，我也懶得跟她多說什麼了。

大家都是領薪水做事，我就不懂為什麼別人都可以那麼輕鬆，我就要乖乖坐在辦公室朝九晚五，甚至常常朝九晚不知道晚幾百點。

都是這個不公平的世界害的，我真的好煩哪，現在工作又不好找，偷偷去應徵了幾個工作，薪水都無法比現在好，我到底該怎麼辦？

邱老師分析

如果我們把這個世界所有的人類分成兩種：一種是自我感覺良好；一種是自我評價低，非常在乎別人對自己的看法。

把這兩種人拿來比較，通常會發現自我感覺良好的人，比較快樂；自我評價低的人，則會很重視別人的評價，為了想要當別人認為的好人，常常只能壓抑自己真正的感受，不願意跟別人起衝突，事後卻心中不平衡而感到憤怒。

我自己當年還在當設計師的時候，常會熬夜畫設計圖，偏偏又自以為養生的不吃肉、吃大量的蔬果，搞得體質虛寒，身體差到不行。那個時期我一天到晚覺得壓力好大，看到別人的設計圖，總會懊惱為什麼這個點子我沒有想到？為什麼別人可以找到這種材質？每天除了跟別人比，想要超越別人，更追求要不斷超越自己。

醒著的時候，不是在工作就是看書，腦子不斷想著能有什麼不同的點子，整個人就像一把弓上緊繃的弦，總是在自己完成工作的快樂，與看到別人設計後的沮喪中輪迴，常常食不知味，睡也睡不好。

終於有一天我這個無法負荷的弦繃斷了，我的健康崩盤（崩盤的過程我在《擇食》書中有寫過，有興趣的人可以去找來看看我的慘況，可以讓大家作為參考），才讓我覺悟的停止這樣生活。

現在回首過往才明白那個時候的我，從來沒有好好肯定過自己，現在的我想來，明明別人的設計好，我的也不差呀，不然當年我怎麼會是唯一可以領著公司月薪，卻在家裡上班的特殊份子呢？沒有兩把刷子，哪個老闆肯給這種特殊待遇？這是擇食後的我能夠看到該肯定自己的地方。

擇食讓我變得知足而快樂，剛開始感受上的改變讓我自己都覺得奇怪：我還是我，生了一場大病後，為了追求健康而開始擇食，因此身體上變健康是不稀奇；但心境上的改變是我始料未及的。因此我開始尋找促使我心境轉變的關鍵是什麼？

我分析自己擇食之前的身體狀況：體質寒、手腳冰冷、容易疲倦、從小只要話講多了，就覺得累，氣很虛、長期失眠、淺眠多夢、睡到半夜醒來就睡不著、情緒低落、憂鬱、不喜歡與人衝突，因此所有的不滿都壓抑在心底、自我評價低，常常覺得自己不夠好⋯⋯⋯⋯。

你相信嗎？這就是以前的我，現在只要問我的朋友、讀者或上我講座課的學生，大家都一定會告訴你：「邱老師自我感覺超級良好。」

分析下來我就得到了結論，那是因為我的體質改變了。因為擇食而三餐飲食均衡，體質變溫暖，不再熬夜，而且睡眠品質基本上是只要躺到床上，就立刻入睡，可以睡得很沉，再張開眼睛時已經天亮，因此起床的心情都很愉快。

優質蛋白和澱粉攝取足夠，讓我每天精神飽滿；絕對不碰上火的食物，讓我皮膚Q彈水嫩，完全不水腫。忌口奶、蛋、黃豆類製品，更讓從青春期就跟著我到四十歲的粉刺、青春痘，無影無蹤。

精神飽滿的人氣場強大，通常氣場強大的人做事也會比較順利，所以像怡靜這樣的體質虛寒的「小腹婆」，邱老師的建議就是趕快擇食吧！體質溫暖又不上火，小腹就會慢慢平坦，心臟有力自信就會變強，就不會一天到晚去跟別人比較，一直找自己麻煩嘍。

除了用擇食的方法改善體質，提升自我的良好感覺，我還可以做什麼？我建議大家可以建立一個新的習慣來幫助自己，那就是**不要忘記常常讚美自己，找出自己的優點，並且肯定它。當然也不要矯枉過正，自我感覺良好是好的，但自我感覺「過度良好」，就很可能讓人討厭喔**。

還有更棒的方法，每天在生活上做一點對這個世界好的事情，其實很簡單，搭公車時對司機先生說一句：「謝謝，辛苦你了。」垃圾做好資源回收、真心的讚美同事，「莫以善小而不為」，如果今天我可以因為一句話而讓一個人開心，或是溫暖他人的心，你就有了更好的存在價值，豈不就是讓自己感覺良好最簡單的方法嗎？

邱老師飲食建議

許怡靜症狀：小腹大、愛比較、不喜歡跟別人起衝突、壓抑不滿

1. 忌口寒性食物（白菜、黃瓜、苦瓜、冬瓜，芥菜、白蘿蔔等）、冰品、生食（生菜、沙拉、生魚片等）。

2. 忌口上火食物（諸如：高溫油炸、高溫燒烤、碳烤、高溫快炒、爆炒方式烹調的食物。另外：沙茶、咖哩、紅蔥頭、紅蔥酥、麻油、薑母鴨、麻油雞、羊肉爐、藥燉排骨等。堅果類的有：芝麻、花生、杏仁、核桃、開心果、南瓜子、葵瓜子、蠶豆、花生、開心果……吃起來會酥脆會香，用高溫烘焙的堅果類等。水果類的則有：荔枝、龍眼、榴槤、櫻桃等。飲料類則有：咖啡、市售黑糖薑母茶等。）

3. 認真擇食：

■ 早餐前：一湯匙薑汁 +100CC 熱開水 +適量果寡糖或二號砂糖。

■ 早餐：一碗擇食雞湯 +優質蛋白兩份（計算方法參考案例 1.章意真）+兩種水果（兩種加起來份量為一個飯碗）+隔夜稍微加熱的白米飯（適量以整體吃完約八分飽為標準的份量）。

- 午餐：優質蛋白兩份＋兩種煮好加起來一碗的菜＋澱粉（隔夜稍微加熱的白米飯，以整體吃完約八分飽為標準的份量）。
- 晚餐：優質蛋白一份＋一種煮好的菜半碗＋澱粉（隔夜稍微加熱的白米飯，以整體吃完約八分飽為標準的份量）。

案例2 李雲申／男、37歲　職業／美語補習班老師

女生總是很占便宜，我的美語補習班裡有個老師叫Joan，跟我同時進這家補習班的，我承認以男人的眼光來看，她的確很漂亮，身材也好，又很會打扮，占盡便宜。可是她的脾氣不好，常跟主任吵架，為了什麼教材啦或者是主任唸她上課遲到之類的事情，她就老瞪大了眼睛跟主任頂嘴。

事實上她的能力平平，而且我總覺得她的美語發音不夠漂亮，我是個很認真的人，不論是準備教材，或課後打電話跟學生聯繫都非常勤勞的耕耘；她每次課後打電話都很敷衍，三言兩語就掛掉電話，更不用說準備教材了，我看她年年都用同樣的教材，也不更新或者是去找不同的教材。

現實總是殘酷和不公平的，她的學生人數永遠跟我差不多，我上課既親切又活潑，學生都很喜歡我；她就是打扮得美美的，隨便上上的感覺，但學生也很喜歡她。這讓我很不高興，她漂亮也不關我的事，又不是我的女朋友，但眼見一個這麼不努力，又沒什麼能力的人，工作績效卻跟我差不多，叫我怎麼能

夠平靜的接受。

最讓人不平的，每次開會討論事情，明明她平常總是忤逆班主任，但我提的建議往往被忽略，她提的建議，班主任就會採納，班主任應該是個好色之徒才會這樣。雖然也想跟班主任理論，但每當有這種念頭，「算了啦！」的想法就會讓我打消念頭。

我總是盼望最好她突然要結婚辭職，或者是要移民，又或者是生個什麼大病需要停職休養，反正她脾氣那麼不好也是很有可能會生大病的。但一年又一年，她就是不走，就是堅持要做我的眼中釘，我真希望她從這個地球上徹底消失。

我也試圖說服自己，我是個大男人，不該跟個女人計較，可是我做不到，不曉得是不是工作上總有個如芒在背的人存在，還不到四十歲，我就常常很疲倦，而且有時候走路走得比較快，或是講課講久了，就會覺得喘，臉也跟著日益浮腫。以前還有一群一起打羽毛球的朋友，也不知怎麼回事，現在我越來越懶得運動，所以也就退出了那群球友。

說實在的，我上班的環境畢竟有很多小朋友，所以我常專心處理教材或考試卷的時候，會被小孩突如其來的聲響嚇到，那種心臟一縮，寒毛豎起被嚇到的感覺真的很不好。所以我現在常常把工作帶回家，這樣比較不受干擾。

另外我很久才上一次大號，不是便秘喔，是我根本很少會有要上大號的感覺，但我猜這也是不太正常吧？

邱老師分析

這個世界本來就是不公平的。基因決定了我們的健康、家庭環境決定了我們的起跑點、經濟狀況決定了我們的階級……人本來就活在不公平的世界裡，但不代表我們不能快樂，若是向外追求世俗價值觀的肯定；男的一定要高富帥、女的要白富美，才算是人生勝利組，而忽略了解自我本質，發掘自己的特質與專長，進而發揮天賦、肯定自我價值，那麼，你不快樂，誰該同情你？

像雲申備課認真、上課親切活潑，學生明明都很喜歡他，若試著欣賞其他同事的成果，不要忌妒、比較，他應該就可以很快樂，又或者就算做不到欣賞，也願意祝福對方成長，無論如何不該是希望對方乾脆從地球上消失啊！

雲申應該把注意力拉回自己的身上，既然不到四十歲就容易疲倦，路走快或話講久了，就會覺得喘、沒有便意，好幾天才上一次大號，容易受刺激和驚嚇，這些其實都是身體在發出警訊，表示心臟無力和缺鈣，那就先從身體的調養開始，並且要了解一個事實，所有我生命中發生的事，不管好事、壞事，全部都跟「我」有關，因為我們只接收得到我們想接收的訊息，如果心是狹隘的、負面的，那對發生的事便會以負面的角度去看、去想，就會覺得是壞事，碰到的都是爛人，所以**如果覺得生活裡有很多不如意的事情，那就表示你在用「壞心眼」看待所有的事情**。

要如何扭轉這樣的自己呢？**心和身體是連在一起的，體質變好、身體乾淨了，心靈的眼睛也會變明亮**，看事情可以看得更全面，而不會只看到事情糟的那一面，用「好心眼」看所有的經過，自然就會天天是好天、事事是好事。

邱老師飲食建議

李雲申症狀：容易疲倦、走路走很快或講課會覺得喘、易受驚嚇、沒有便意

雲申的心臟無力現象和許多案例一樣，建議的吃法也一樣：

1. 一天三餐認真補充優質蛋白和澱粉。
2. 優質蛋白的條件是要肉類在烹調不超過15～20分鐘的情況下才叫優質蛋白。澱粉要記得吃隔夜飯，微波加熱後食用。
3. 蛋白質的選擇上建議以羊肉和豬肉為主，因為紅肉中的左旋肉鹼會帶給肌肉耐力和爆發力。
4. 雲申要參考需要攝取蛋白質的公式來吃喔。

計算公式：身高－110×3.75＝一天三餐需要的肉量

建議把算出來的量分成五份，早餐兩份、午餐兩份、晚餐一份。

雲申的容易受到驚嚇和缺鈣有關，所以要：

日常生活中多補充含鈣的食物（包括綠豆、油菜、空心菜、高麗菜、紫色

莧菜、木耳、乾香菇、杏仁、紅棗、蓮子、榛果、蛤蜊；而海帶和紫菜也含有鈣質，但是甲狀腺有問題的人不能吃）；也可以吃檸檬酸鈣來補充鈣質。

愧疚

案例1 林欣慧／女、41歲　職業／公關

我覺得自己可以是家庭事業兼顧的女強人。自從三年前我終於生下小孩後，我卻覺得人生從此進入永劫不復的地獄。

真不知道別人是如何做到的，每天早上起床給孩子弄早餐，然後送去保母那裡，接著趕去上班，然後下班又要趕去接孩子，回到家要做飯，照顧孩子……直到孩子睡覺，我再整理明天工作的準備……第二天又是周而復始的重複。

我覺得很對不起公司的同事，因為我就是固定要接送小孩，很多時候明明需要加班，我卻只能讓同事幫忙，我又不希望別人覺得因為我有小孩，所以工作就是無法自己獨立完成，但是我不管怎麼安排，最後都往往會拖累到其他同事。

有一次，我真的忍不住大哭，因為我們要辦一場很大的活動，大家都在加班準備，因為體貼我得去接小孩，本叫我不用擔心，他們會搞定的，我自己執意攬下一部分的事情，告訴大家我可以回家做好，同事見我這麼堅持，也就聽從我的安排了。

但第二天到了活動現場，我準備的 power point 檔案不知道怎麼回事要打開時發現全部是空的，而我要負責剪接的影片也放不出來，我急得滿頭大汗，後來一個同事問我要不要回家去找找，是不是帶錯隨身硬碟了，我趕緊叫車飛奔回家，果然是我帶錯硬碟，找到後才又立刻飛奔回活動現場。雖然有及時趕到，但我還是在現場忍不住大哭了起來。

同事們真的都對我很好，出了錯，沒有任何人會責備我，都是直接想解決的辦法，我從來不加班，也沒有人拿出來攻擊過我，就是這樣我才覺得太對不起大家了，

這個世界上有這麼多的女強人，我怎麼就做不到呢？但我深信只要我願意

一定做得到，我不想被任何人看不起，只是眼前家庭、工作兩方面的壓力我還沒有找到解決的方法。我整張臉都是紅點點，醫生說是脂漏性皮膚炎；而且我越來越沒有食欲，體重也當然就往下掉，雖然說紙片人很流行，但我先生就喜歡我肉肉的，現在一天到晚唸我太瘦，這也變成我的壓力。

真不知道要怎麼撐下去，我知道自己很矛盾，但我一定要別人可以認同我是個各方面都可以 handle 得很好的人，為著這個信念，我一定要撐下去呀。

邱老師分析

欣慧希望自己可以成為別人眼中各方面都 handle 得很好的人，可是現實中她目前做不到，這也就成為她最大的壓力來源。

這類型的案例，在我諮商的生涯中遇過非常多，大多是職業婦女，工作、家庭兩頭燒，常常覺得每天焦頭爛額。

這個時候我建議拿張紙，寫下每天都要做的事情，從早上一直記到晚上睡覺前，當每天必須做的事條列出來之後，我們就來安排先後順序，有些是從開始做到完成需要時間，那我們就可以先把開頭做好，等待結果的時間，就可以先做別的事。就舉我的日常生活當例子好了：

我每天起床第一件事情是燒開水，然後弄我家兩位貓小姐的早餐，貓咪吃早餐的時候，我這個鏟屎官就去鏟屎，等我清完貓砂水也燒開了，這時候我泡好早餐前自己要喝的薑汁，一邊喝一邊把貓小姐們的餐碗洗好，順便裝好她們的餅乾，接著把我要吃早餐的米飯放進電鍋蒸，在等飯蒸好的時間裡，我就煮水、燙肉片、熱雞湯，飯蒸好時燙好的肉片已經在熱好的雞湯裡，拿出前一晚切好的水果，這所有的事情，在起床的10～15分鐘內，我已經做完貓咪的吃喝拉撒，以及我自己的早餐。

在工作上也是一樣，還是個上班族的時候，我習慣在一到辦公室就先列出今天所有的工作待辦事項，全部列出後，有些要電話連絡的事情先打，然後等待對方回音的時候，我就可以專心做設計圖，像這樣把所有需要處理的事從腦子裡拿出來，寫在紙上，就可以很清楚的訂出先後順序，一樣一樣做，下班時再把單子對一遍，已經完成的劃掉，未完成的寫上目前的進度，明天來繼續跟進。但是**如果把事情放在腦袋裡，腦袋就會變成一團亂線，心也會跟著亂。**

很多跟我學習養生的同學照這個方法做，都跟我反應這樣做，讓他們覺得輕鬆很多，也不會再丟三落四了。**懂得時間管理的人，時間永遠綽綽有餘。**

至於脂漏性皮膚炎，跟上肝火有關；沒有食欲、體重變輕，則是因為壓力，所以我建議欣慧可以依照上面的方法試著學習掌控自己的時間。

邱老師飲食建議

林欣慧症狀：脂漏性皮膚炎、沒有食欲、體重變輕

脂漏性皮膚炎要注意調整的飲食有：

1. 忌口寒性食物，包括：白菜、黃瓜、苦瓜、冬瓜，芥菜、白蘿蔔等、生食（生菜沙拉、生魚片等）以及冰品等等，都會讓身體越來越寒。
2. 忌口上肝火的食物，包括：高溫油炸、高溫燒烤、碳烤、高溫快炒、爆炒等烹調方式，以及沙茶、咖哩、麻油、麻辣等，堅果類的芝麻、花生、開心果等。

3. 不熬夜。

另外要注意：

補充含鈣的食物，包括：綠豆、油菜、空心菜、高麗菜、紫色莧菜、木耳、乾香菇、杏仁、紅棗、蓮子、榛果、蛤蜊；而海帶和紫菜也含有鈣質（但是甲狀腺有問題的人不能吃）；也可以吃檸檬酸鈣來補充鈣質。鈣質補夠，記憶力才不會變差，心臟有力、身體含氧量夠，頭腦也會比較清晰的。

沒有食欲通常有兩種可能：

1. 對蛋過敏。解決方法就是先忌口所有含蛋食物（包括，雞蛋、鵪鶉蛋、鴨蛋、皮蛋、鹹蛋、鐵蛋、蛋糕、蛋捲、蛋餅、泡芙、布丁、茶碗蒸、美奶滋、銅鑼燒、牛軋糖、蛋黃酥、蛋蜜汁、鳳梨酥、含蛋的餅乾麵包等西點類）。如果是蛋類製品所引起的，忌口兩週到一個月，就會慢慢改善。

2. 情緒影響。鈣質補充足夠後，情緒會比較安定，不容易焦慮，對食欲會有所幫助的。

Chapter 3

愛情中的常見情緒

忌妒

案例1 李逸南／男、46歲 職業／商

我曾經有過一段婚姻，那個時候我才二十八歲，與大學時期的學姊相戀，畢業後找到工作，我就決定與她結婚。

因為她長我四歲，我還在當兵的時候她就已經是社會人士了，每次她到部隊看我，都打扮得亮眼而成熟，我的同梯對她簡直是目不轉睛，總會蹭到我身邊找機會跟她攀談。那時候我心裡就覺得一定要趕緊把她娶回家，不然遲早被人追跑。

因此一退伍，我就積極的找工作，要娶老婆總不能自己沒有謀生的能力。那段日子實在讓人很不好受，我常在家中等她下班回來（我退伍後就跟她同居），聽到門外她蹬著高跟鞋的腳步聲，我才覺得心安。

找到工作後，我便跟她求婚，她當時問：「我們已經住在一起了，結不結婚有什麼不同？」當然不同，結婚之後，她就是我的，沒有人可以搶走她。為了讓我安心，她便答應了。

我沒有想到的是，結婚之後，我反而更加無法容忍她不在我的視線範圍內。只要她比我晚下班，我腦中就會不自主的浮現她與其他男同事打情罵俏的畫面，等她回家後，我就會質問她去了哪裡？跟誰？做些什麼？她有時一一回答，我卻不能信任她。五年、六年過去，我只覺得我太太越來越有風情，跟她走在路上都會有男人回頭看她。我更加覺得沒有安全感。

離婚的導火線，應該就是那一天。我如同往常一樣比她早下班，我一時興起，想去她公司等她，在沒有通知她的情況下，我就直闖她的工作地點，一進她的公司，正好看見和聽見她和一個老男人在嘻笑，當時那個老男人的手搭在她的肩膀上，而她絲毫沒有覺得不妥地笑著，並且也用手輕拍那個男人的胸膛，那瞬間，平時對她的懷疑都湧上心頭，我完全不知道在那幾秒鐘的時間內，我做了什麼，等我的意識回到現實裡，那個老男人已經倒在地上，而我的太太則披頭散髮的坐在地上。

回到家以後，我們免不了大吵，經由我太太，我才知道，我自己做了什麼。還原現場是：我衝上去先打了我太太一巴掌，接著就推了那個男人，而我太太辯稱，那個男人是她的上司，因為一起工作多年，彼此沒有性別，只有同事和朋友的情誼。

我自己是個男人，當然了解男人的心理，如果她的上司對她沒有意思，是不可能跟她勾肩搭背的，多少有吃豆腐的意思，任何丈夫應該都沒有辦法接受。尤其婚後她很少在我面前有像我今天看到她對那個上司般的笑容，我的忌妒難道沒有道理嗎？

但是我太太仍舊覺得我不應該，要我去跟她上司道歉。因為深愛我的太太，所以我打電話給她上司表示歉意。

在這件事發生之後，我太太對我變得冷淡，而我則更加無法信任我太太。連她講電話的聲音稍微嗲一點，我都會很不舒服，會認為電話那頭一定就是她的上司。我也嘗試好好溝通過，我太太說因為我打她那一巴掌，她無法釋懷，所以對我冷淡。我認為她只是找理由，真正的原因一定是她變心了。

就在這中間，我開始常常半夜醒來並且就睡不著，也許是一直睡不好，同事常常問我臉色怎麼灰灰黑黑的。醒著的時候，總是覺得口渴，就算喝了水，也無法解渴，而且總覺得胃悶悶痛痛的。

隨著她對我越冷淡，我們的爭吵就越多，這樣吵了一年多，她終於提出離婚。不管我怎麼求她，並且保證我不再忌妒她與上司之間的關係，她卻怎麼都不肯繼續這段婚姻。某天我回家，發現她的東西都不見了，只留了一張字條在一個牛皮紙袋上，字條簡短的寫：「請你簽名，放了我。」

經過快三年的時間，朋友不斷開導我，我才終於與她辦了離婚手續。在戶政事務所的那天，我們辦手續的過程，我問她：「妳現在有男朋友了嘛？」她什麼也沒有回答。

離婚至今也七年多了，我無法再去相信任何女人，雖然我不能說自己守身如玉，心態上我就是玩玩可以，但要我再去愛上女人，我做不到了。

邱老師分析

很多男人把娶一個漂亮老婆當成一件值得追求並且很有成就感的目標。漂亮的東西人人愛、漂亮的女人當然大家不但愛看，還都想親近，要當這樣炫目的人身旁的伴侶，本身需要有足夠的自信，否則就很容易像逸南一樣情緒深陷泥沼裡，難以自拔。

如果逸南在婚後，不是把所有的注意力放在越來越有風情的太太身上，而是多花一些心力在自己身上，照顧好自己的三餐飲食均衡，讓自己保持好氣色、好身材；跟太太培養共同的興趣、話題，彼此之間有良好的互動，就不用擔心年華漸逝，自己看起來像中年糟大叔，站在越來越成熟美麗的太太身邊配不上她，一天到晚疑神疑鬼，擔心她被別人搶走。

我在《擇食》的書裡講過：「擔心，是最溫柔的詛咒。」因為當你幻想出讓自己擔心的事情，反覆在心中想著，**擔心久了，就可能成真，因為你反覆的想，也是一種念力呀。**

兩性關係不是靠單方面的堅持就能改善，苦苦的堅持著一個人無法跳好的雙人舞，姿態不只可笑，同時也是對自己的耗損。

如果明明知道對方心已遠離，卻覺得離開對方會痛不欲生，那就要有付出最大努力來挽回的決心，當真的挽回不了，也要知道若是愛她，就該有放手祝福她的胸懷。

一段感情中，廢墟重建往往比另起爐灶來得艱難，所以「有一種愛叫放手」，讓對方自由，也讓自己有更寬闊的天空。

祝福逸南可以從這個婚姻的挫折中，學會先愛自己，把自己照顧好、打理好，下一次當愛來敲門時，才能更成熟的去愛與被愛。

邱老師飲食建議

李逸南症狀：口乾舌燥、一直喝水卻還是覺得渴、半夜醒來睡不著、臉色黯沉、腰部肥胖、胃悶痛

口乾舌燥、臉色黯沉、腰部肥胖……，都是很典型上肝火的症狀，可以經由認真忌口上肝火的食物，諸如：高溫油炸、高溫燒烤、碳烤、高溫快炒、爆炒。另外：沙茶、咖哩、紅蔥頭、紅蔥酥、麻油、薑母鴨、麻油雞、羊肉爐、藥燉排骨等。堅果類的有：芝麻、花生、杏仁、核桃、開心果、南瓜子、葵瓜子、蠶豆、腰果、松子、夏威夷果仁、米漿（含花生）等。水果類的則有：荔枝、龍眼、榴槤、櫻桃等。飲料類則有：咖啡、市售黑糖薑母茶。

以上這些食物或飲料水果，都要避免之外，不能熬夜也要做到，這樣才能幫助我們的肝火代謝。

長期上肝火的人，通常也會腎虛，容易造成身體缺鈣的一些現象，像是半夜醒來睡不著，或是神經痛（如偏頭痛、胃痛等），因此逸南平時要多吃含鈣的食物，包括：綠豆、油菜、空心菜、高麗菜、紫色莧菜、木耳、乾香菇、杏仁、紅棗、蓮子、榛果、蛤蜊；而海帶和紫菜也含有鈣質（但是甲狀腺有問題的人不能吃）；也可以吃檸檬酸鈣來補充鈣質。補充鈣質可以幫助睡眠品質和安定神經，對情緒性的胃痛也會有緩解作用。

另外，像黃豆製品、糯米製品、竹筍（包括筍絲、筍乾）等、破布子、五穀雜糧、奶製品、過度甜食，也都是讓胃悶痛、胃潰瘍的原兇，所以也都要忌口喔。

會一直口渴，喝水也沒有用，表面上的原因和上肝火有關，潛意識的沒有安全感，和這個症狀也有直接的關係，所以逸南需要從身體到心理一起調整，這樣才會變成人見人愛的帥大叔，而不是「衰」大叔喔。

案例2 李巧蘋／女、37歲 職業／網拍

他是第幾號？應該至少是七號或八號吧？從二十歲那一年開始，我總跟有女朋友的男人談戀愛，結果有時也會成為黯然離開的那個人，有時則是勝利者。

我的閨蜜說我是喜歡搶奪的感覺，我自己並不這麼認為，往往只是因為看到那個男人的女朋友，我心裡會有：「啊，那個平凡的女人憑什麼可以擁有這樣的男人。」這種想法。在二十歲之前，我談過兩段無聊的戀愛，這之後似乎是無法控制的，我就是會被那些平凡女人身邊的男人吸引。

六年前，我開始跟有婦之夫在一起，他是我國中同學小芹的老公，我閨蜜罵我沒有道德觀念，但我的國中同學小芹跟我從畢業後十多年都沒有再連絡，只是開同學會時碰到她和她先生，她又不算是我的好朋友，誰叫她要炫耀自己的律師老公？

小芹念書的時候就是個驕傲的人，仗著自己家有點錢，總是用鼻孔看人，同學會再相聚，她胖了好多，臉也腫腫的，抓著老公的手介紹：「我先生是律師，自己有律師事務所。」一臉得意的樣子，看了就討厭。她還說：「以後有什麼法律問題，都可以找我老公喲！」

後來我就假藉有法律上的問題打電話給她老公，我們就這樣開始來往。

當小三當了三年，我跟他攤牌，要他跟小芹離婚，雖然他總是敷衍著說：「再給我一點時間。」但當我使出殺手鐧，如果不離婚，我就把我們的親密照片給媒體，他畢竟也是號人物，那麼有名的律師事務所，他一定怕名譽掃地。他氣我威脅他，說我這樣已經觸犯法律，我當然不怕，每當他生氣，我就用軟的，哭著求他，告訴他我有多愛他、不能沒有他……。軟硬兼施是對付男人最重要的手段，沒有一個男人不吃這套的。

哭鬧了半年多，他終於離婚了。並且拿著他的離婚證書到我家，要我嫁給他。本來是我期待已久的結果，但是當我看到那張離婚證書，我再仔細看著眼前的這個男人，突然覺得，我從來沒有真的愛過他，我們的開始在於我討厭小芹，我覺得她又肥又醜，卻在那耍驕傲，她憑的就是出生在有錢人家和一個律師老公罷了，我只是想要破壞她的幸福，但沒有想要賠上自己的幸福。於是我和他分手了。雖然他百思不得其解，說他為了我離婚，我不是說沒有他活不下去嗎？

我一樣拿出對付男人的方式，不斷哭著說在他面前我有自卑感，我大學沒念畢業，他卻是堂堂大律師，我不敢嫁給他，讓我們維持這樣的關係等等。他漸漸軟化，答應慢慢來。我則漸漸跟他疏遠，然後換手機號碼、搬家。他當然沒有為愛走天涯的找尋我。這一段終於結束。

雖然快要四十歲，我苗條的身段一直是我自傲的地方，但是一年多前我開始體重下降，只要肚子餓或是緊張、生氣的時候，我的手都會抖，而且常常覺得熱而盜汗，雖然瘦是大部分女人都在追求的，但我覺得自己有點過瘦，我可不希望變成紙片人，那樣才不會吸引男人呢，所以我很擔心一直變瘦的狀況。而且我本來光滑烏亮的頭髮，近來也變得很毛躁，真是煩死我了。

現在，我正跟另一個有婦之夫在一起，他是我遠房阿姨的先生，算起來等於是我姨丈，大我二十歲。我這位阿姨沒念過什麼書，但是先生對她簡直如掌上明珠般寵著，她先生雖然大我那麼多，但快六十歲的他，身材保持得極佳，還常常去衝浪，許多小夥子還比不上他勒。

我跟他其實和上一段小芹的老公有些重疊，但一如他疼他老婆一樣，他對我也是呵護萬分，雖然明知道我劈腿，卻從來沒有追問我任何事情，每個月還給我六萬塊零花錢。我這個姨丈生意很成功，現在公司幾乎交給他弟弟和兒子管，偶爾才去公司看看、開開會。所以他有大把時間陪我，我那個姨媽聽說有懷疑他外遇，他跟姨媽說：「我們老夫老妻了，你給我一點自由，我不會不照顧妳的。」聽說姨媽自此沒再追問他的行蹤過。

但我不甘心，明明姨丈還很帥又有錢，憑什麼姨媽抓著這個男人不放？我一定會讓姨丈跟她離婚的。

我閨蜜問我難道從來不會有罪惡感嗎？我當然沒有，那些女人只是八字好才會找到好男人，我得靠自己的努力來爭取，不是嗎？

邱老師分析

過度要求完美本來就是一種病態，通常起源於內在對自己的感覺不夠良好，很多父母管教方式嚴厲，永遠只批評而不肯定孩子，這樣教育出來的小孩，永遠覺得自己不夠好，而將大部分的心力用來追求普世價值認為的成功。

就像巧蘋不斷地去掠奪屬於別人的幸福，在掠奪的過程裡，享受誘使人夫出軌的刺激和成就感，並且藉此來肯定自己的魅力和價值。但實際上在心底，她無法逃避對自己偷取別人幸福的批判，所以導致身心失去平衡，再加上長期飲食不均衡的結果，頭髮毛躁、臉上出現黑斑，夜深人靜時擔心自己有一天年老色衰，再也吸引不了男性的目光，因此更加想用手段去攫取別人的目光，如此這般**她豢養出一隻貪婪的情緒怪獸，現在這隻怪獸終於回頭啃噬她的健康，這真是標準的「病由心生」**。

祝福巧蘋能在開始忌口對自己有害的食物、補充甲亢患者所需的營養，調養身體的同時，**學會面對內在那個渴望被愛、被肯定、被在乎的小孩，告訴那個小孩，她已經長大，她可以給自己肯定、自己在乎自己，更重要的是，她可**

以好好愛自己。唯有放過自己，這個世界才會放過妳，妳才不會覺得處處都是批判的眼光。

邱老師飲食建議

李巧蘋症狀：甲狀腺亢進（體重下降、餓或緊張、生氣時會手抖、失眠、盜汗）、頭髮毛躁、臉上長黑斑

甲狀腺亢進的人，在近年來有越來越多的趨勢，因此我在這裡會講得比較多，希望可以幫助大家瞭解甲狀腺亢進。會造成甲狀腺亢進的原因有哪些呢？

1. 長期上肝火。上肝火的人會有：口乾舌燥、口臭、早上起床有眼屎、眼睛乾、眼睛癢、容易長針眼、皮膚黯沉、大便顏色深、大便乾硬、脾氣暴躁、無名火；還有像巧蘋出現的症狀：頭髮毛躁、臉上長黑斑等。

2. 成長環境和遺傳。很多家族有甲亢病史的人，往往帶著一種悲觀的思維：「我一定也逃不掉！」其實不然呢，在我的諮商經驗裡，發現很多家族病史往往跟家族的飲食習慣或教養模式有關。以甲亢為例，通常跟上火的飲食習慣，以及過度要求完美、容易鑽牛角尖有關；而一個人的飲食習慣，大多由原生家庭養成，另外如果家長對孩子的要求過於嚴格，並且不願意給予肯定；總是對孩子要求高，卻不給予讚美，這樣的孩子在成長過程裡，不斷受到：「我不夠好、我應該要更好。」的心理暗示，長大後，很容易自我評價差，不斷自我要求反而發展成病態的過度完美主義，給自己造成巨大的壓力。

3. 過度的情緒壓力，容易誘發甲狀腺激素分泌過多。
4. 身體慢性發炎久了（**長期上火後身體容易發炎**），容易造成身體的免疫功能紊亂，也有可能造成甲狀腺亢進。

好了，瞭解造成的原因後，我們一起來努力，該如何調整飲食才能幫助自己。

一、嚴格忌口：

1. 上肝火的食物，諸如：高溫油炸、高溫燒烤、碳烤、高溫快炒、爆炒。另外：沙茶、咖哩、紅蔥頭、紅蔥酥、麻油、薑母鴨、麻油雞、羊肉爐、藥燉排骨等。堅果類的有：芝麻、花生、杏仁、核桃、開心果、南瓜子、葵瓜子、蠶豆、腰果、松子、夏威夷果仁、米漿（含花生）等。水果類的則有：荔枝、龍眼、榴槤、櫻桃等。飲料類則有：咖啡、市售黑糖薑母茶。

2. 含碘量高的食物，包括：魚、蝦、蟹、紫菜、海帶、昆布、海藻、生蠔等（當甲亢症狀回復正常時，才可以偶爾吃）。

3. 咖啡、濃茶、瓜拿納茶和刺激性的食物及辛香料。

4. 盡量不要抽菸、喝酒

5. 不熬夜，晚上11點前入睡。

二、因為甲狀腺亢進，所以基礎代謝率會異常增高，所以優質蛋白質和澱粉的攝取量要適量增加。

三、三餐一定要飲食均衡，必要時一天可吃四～五餐。

四、如果有甲亢現象，有些人會出現腹瀉的情形，這時候要少吃高纖維素的食物，像葉菜類、西洋芹等。

五、注意補充鈣：可由包括綠豆、油菜、空心菜、高麗菜、紫色莧菜、木耳、乾香菇、杏仁、紅棗、蓮子、榛果、蛤蜊等食物攝取，並以檸檬酸鈣來輔助補充。

六、飲食盡量低鹽，最好改用無碘鹽。

邱老師情緒輔助小工具

園藝治療

建議巧蘋可以用園藝治療來感受自己生命的需要和被需要。園藝是一種科學與藝術的結合，也就是我們常常說的，大自然中的萬物，與我們自己的身心靈都有一定程度的連結與相同的脈動。

所以**當我們與植物接觸，可以放**

鬆心情得到心靈的滿足，建立自信與成就，藉由親自去照料植物，而有所獲得。當我們為了能讓植物長得好，會需要細心去照顧，在照顧植物的過程裡，看著因自己的付出而讓植物成長、茁壯，自我內在的信心與成就感也會隨之建立。巧蘋可以選擇色彩繽紛而茂盛類的植物來種植，如：九重葛、朱槿（扶桑花）、雞蛋花、日日春等。

希望巧蘋能夠在與自然植物相處之後，獲得身心靈的滿足，不再感到空虛。

無力

案例1 薩華中／男、46歲　職業／商

過了四十歲，我開始有了所謂的「中年危機」。

我的事業到了高峰，每個月的營業額足夠我再做個五年、六年就可以退休了，當然我的志向不會如此短小，只是經濟上我早已經很「安穩」。我太太就理所當然地不工作，專心做她的貴婦。我們只有一個兒子，兒子今年也快要中學畢業。

我的中年危機就在於生活的乏味，商場上的事，我太太全部不懂，跟她的對話，除了兒子還是兒子，她每天不是下午茶就是在Spa，要不然就是去哪個時尚派對，但我都不懂，一天到晚去時尚派對，她卻老穿得像棵聖誕樹，尤其生完小孩之後身材走形，她還要穿著緊身的衣服，肚子的肉一圈又一圈、臀部下垂等等缺點完全暴露無遺。

以前我偶爾還會帶她出席一些應酬場合，這幾年她讓我有種帶不出去的感覺，漸漸我就不太帶她出去了。她好像也不在乎，仍舊過她快樂逍遙的日子，家裡有褓姆，還有傭人，她其實什麼也不用做。

事業不用再太拼、兒子是個自律性很高的小孩，每天該上課、念書、做功課、睡覺，這些通通不用人管，他都能自動自發，老婆說不上話，我覺得自己好像沒有什麼存在的必要。

外型上我也有了中年的樣子，髮量變少額頭上越來越禿，體力也常常身不由己，這點真的是中年才體會得到。

一年前，我在應酬的場合碰到一個女老闆，我們因為喝了點酒，話很投機，雖然她還比我太太大四歲，但是身材保持得很好，那天她穿著一件絲質銀灰色的襯衫、一條側邊開衩的黑色窄裙，腳上一雙黑色的細跟高跟鞋，當她起身去洗手間，走動時的搖曳生風，我真有想要佔有她的衝動，而這種感覺是我三十八歲以後就不曾有過的。大家不要誤會，那天晚上我們相談愉快，但什麼不該發生的事都沒有。

隔了一兩個月吧，我又在一個朋友家裡碰到她，那天晚上我送她回家，一路上不管是工作或者音樂，我們天南地北的聊，到了她家門口，我們繼續坐在車裡聊，直到發現已經半夜兩點了，她才慌忙下車，還害羞的直跟我道歉，看她這麼成熟性感的女人，那一刻卻這麼可愛，我想我是真的心動了。

我是壓抑了自己兩個星期，然後我忍不住地打了她的電話，她在電話那頭輕聲的說：「我以為永遠不會等到你。」我崩潰下來，再也沒有力氣壓抑自己。我們開始交往，每一次跟她見面都讓我重回年輕的戀愛時光，而激情的時候，也總讓我回到家還念念不忘。

這樣交往了半年多，有天她一貫輕柔的語氣問我：「你是不是永遠不會離婚？」我愣住很久都無法回答她的問題，我是真的沒有想過，我只顧著享受眼前的快樂，卻從來沒有思考過未來的問題，她看我遲遲沒有回答，又善解人意的說：「你別緊張，我只是隨便問問，不是要給你壓力。」

那天我們分手後，回到家我走到陽台，俯視著夜景，我思考著：「我會離婚嗎？這兩個字在我的腦海裡從來沒有出現過。離婚，那是一種承認自己失敗的事，我怎麼可能會離婚？而且我這個好先生、好爸爸的形象一直是朋友圈中人人稱羨的，如果我離婚，別人會說我是拋棄糟糠之妻的壞男人？」

那一夜，從不失眠的我，一夜未眠。第二天在辦公室裡，我想念著她，數度拿起手機想打給她，卻又數度放下手機，我怕她會繼續問我那個問題。第三天、第四天……這麼一個星期過去，我對她的想念越來越重，我幾乎考慮乾脆離婚娶她吧！

還在跟自己對抗的我，在第二個星期終於接到她打來的電話，她巧笑著說：「你那天被我嚇到啦？我不是故意的，你別生氣嘛。」聽到她的聲音，我整個人都要飛起來了，壓抑著激動，我也笑著回說：「哪有，我哪敢生妳的氣，是這個星期我太忙了，我也正打算要打電話給妳的。」那天晚上我們又見面了，她一如往常笑語如珠，像是真的不介意之前的事情，反而後來表現的比往常還要激情。

就在我以為可以繼續保有家庭，也能保有讓我快樂的愛情之際，她丟出了炸碎我幸福的炸彈，她說：「我要結婚了，對方是美國華僑，你若是離婚，我會選擇跟你在一起，就算你不想再跟我結婚也可以，但你得離婚，我不想當小三，不然我兩個月後就嫁給他。」

我這才知道，她跟我在一起的同時，也一直跟那個男人交往。可是我有什麼資格追究她這件事情？我自己有老婆、小孩，我管得了她同時交往幾個男人嗎？

邱老師分析

也許我太天真了，以為可以只享受外遇的快樂，不用付出什麼代價，多次與她協議，她都很堅持我不離婚她就去結婚。最後，我還是無法為她放棄現在的家庭。但自從她結婚之後，我如同行屍走肉地過著我的人生，對周遭的一切都提不起勁。

其實對太太和這個婚姻，華中已經不滿很久了，他不滿太太的身材走型、彼此再也無法投契，而在這種種不滿感覺的底層，他也逃避了面對自己外貌身型走樣的不安，也就是說，嫌棄太太的背後，有著他不想面對也同樣變型的自己，因此當他遇見同樣人在中年，外表卻一直保持亮麗的女老闆時，才會深深受到吸引。

通常我們都是表裡不一的人，真正的自己和別人所看見，以及我們期待別人認為的自己，往往都是不同的，其中落差越大，表示你越不接受真正的自己。因為覺得自己不夠好，所以會被有光芒的人吸引。

華中雖被吸引，卻不敢飛蛾撲火，因為對他而言，外界對他的評論，比他自己內在的需求重要得多，所以只能眼睜睜看著讓他重燃生活激情的情人琵琶別抱。

誘惑和寂寞都是每個人生命裡一定會存在的元素，如果有人在關係裡出了軌，說是受不了誘惑或是因為寂寞，都只是藉口而不是理由，**真正的原因是你本來的那份愛，已經不足以對抗你內在的渴求、真正的理由是「我已經沒有那**

麼愛你了」，但是有多少人能誠實的面對呢？

就像華中放不下別人眼裡好先生、好爸爸的形象，最終只能錯失生命中的火花，行屍走肉般活著，也許他因為不愛自己，而只能守著他所苦心經營別人眼中的形象。

我相信這是很多婚姻裡存在的問題，不敢切割名存實亡的婚姻關係，說穿了只是怕麻煩、怕衝突，沒有誠實面對自己的勇氣而已。

希望華中能接受我的飲食建議，認真調理身體，當你的身體重拾健康，能量滿滿的時候，自然會產生勇氣，你才能選擇是好好跟太太溝通，讓她與你一起為健康和身材而努力，一起找到共同的興趣；或是選擇切割讓你心死的婚姻。

邱老師飲食建議

薩華中症狀：髮線後移、髮量變少、啤酒肚、體力衰退、倦怠感、生活力

不從心

髮線後移、髮量變少，甚至是地中海型禿頭，這些症狀大概是全天下男人共同害怕的噩夢吧！羅馬不是一天造成的，除非特殊狀況，不然禿頭也不會是一夜造成的。所以要找出原因，如果不是已經禿頭很久、毛囊萎縮壞死，都還是有恢復髮量的可能喔。

造成禿頭的原因有：

1. 家族遺傳。
2. 男性賀爾蒙太高。
3. 跟飲食有關。
4. 長期上肝火會讓頭皮油脂分泌旺盛，堵塞毛囊而造成掉髮。

上述原因中，如果是家族遺傳，那就需要從年輕開始就絕對不要吃會讓睪固酮偏高及上肝火的食物。

蛋類製品，更是會讓對蛋過敏的人，容易出現頭皮異常出油、頭皮癢、頭皮屑、耳朵容易莫名癢的情形，長期下來就容易毛囊堵塞，頭髮得不到足夠的養分，便會開始變細，再生速度變慢，慢慢開始掉髮越來越多，髮線後移，最終毛囊萎縮死掉，變成禿頭一族。

所以男生想要預防禿頭，需要忌口：

1. 蛋類製品：包括雞蛋、鵪鶉蛋、鴨蛋、皮蛋、鹹蛋、鐵蛋、蛋糕、蛋捲、蛋餅、泡芙、布丁、茶碗蒸、美奶滋、銅鑼燒、牛軋糖、蛋黃酥、蛋蜜汁、鳳梨酥、含蛋的餅乾麵包等西點類。
2. 上肝火的食物，諸如：高溫油炸、高溫燒烤、碳烤、高溫快炒、爆炒方式烹調的食物。另外：沙茶、咖哩、紅蔥頭、紅蔥酥、麻油、薑母鴨、麻油雞、羊肉爐、藥燉排骨等。堅果類的有：芝麻、花生、杏仁、核桃、開心果、南瓜子、葵瓜子、蠶豆、花生、開心果……吃起來會酥脆會香，用高溫烘焙的堅果類等。水果類的則有：荔枝、龍眼、榴槤、櫻桃等。飲料類則有：咖啡、市售黑糖薑母茶等。

長期上肝火還會造成脂肪堆積在腹部，導致啤酒肚，這是對外型的影響；而對內容易產生脂肪肝，這才是對健康最恐怖的影響喔！

如果檢查結果有睪固酮過高的人，也要少吃含鋅、硒量高的食物，包括：

1. 海鮮類：蛤蜊、牡蠣（生蠔）、淡菜、扇貝、章魚、海參、鮑魚和魚類。
2. 肉類：羊肉、內臟類。
3. 澱粉類：糙米、蕎麥、燕麥、黑米。
4. 蔬果類：蘑菇、杏鮑菇、香菇、南瓜、海帶、紫菜、松子等。

大家還要注意，一般人超過四十～四十五歲後，身體自然合成Q10的功能會慢慢下降（Q10是身體會自行製造的一種輔酵素，可以讓心臟把我們吃進來的熱量，轉換成身體需要的能量），當身體缺乏足夠的Q10，就很容易覺得疲倦、嘴饞、餓的時候和累的時候不耐煩。如果加上飲食不均衡、優質蛋白和澱粉量攝取不足或不夠的時候，心臟無力的狀況會更明顯，很容易懶洋洋提不起勁，所以很多中年人都會感嘆：「力不從心。」希望華中也要注意補充Q10。

案例2 葉培君／男、35歲　職業／銀行行員

從來都弄不懂為什麼一定要結婚，兩個相愛的人難道不能好好在一起，沒有壓力、責任這些惱人的約束，用一張紙來保證兩個人永遠都會相愛，並且要一起過一生，這很蠢、很違反人性。

我自己的父母結婚五十年，卻在我有記憶以來他們一天到晚都在吵架，等我念高中的時候，我母親又跟父親吵架之後離家出走回外婆家，我去外婆家找她，問她：「妳要不要跟爸爸離婚？妳一直不快樂，爸爸都不體貼妳的辛苦，乾脆離婚吧？」我媽用一種非常震驚的表情瞪著我看，然後聲音顫抖的說：「你這個不肖子……」一副被氣得要嘶過去的樣子，從此我再也不敢提要父母離婚的事。

他們傳統保守的思想，覺得婚姻不可輕言放棄，尤其我媽覺得女人要是離了婚，簡直犯下要在街上被眾人用石頭K的大罪。我可不同，我沒有那麼封閉的思想，我甚至不贊成婚姻制度。

於是當我交往七年的女友小童說要結婚，那兩個字從我耳朵鑽進腦裡，就像被天上劈下的閃電打中一樣，我覺得全身麻痺無法呼吸，她接下來講話的聲音就如同蜜蜂的嗡嗡嗡聲，我一句也聽不見。等我從麻痺中漸漸恢復，虛弱的吐出：「讓我想想。」接下來她一連串的抱怨，抱怨我耽誤她的青春、浪費她的感情……，我只好邊安撫邊把她送回家。

其實跟小童在一起我覺得很輕鬆，她也是個開明的女孩，很少讓我覺得有壓力，我曾經問她要不要跟我住在一起？她說像現在這樣偶爾住我這，偶爾回自己的家，感覺很好，不想要改變，那麼現在她說要結婚不是很矛盾嗎？

我們吵完架之後三天沒有連絡，第四天她到我公司樓下等我，跟我說如果不結婚，就分手。我其實不想失去她，她溫和的告訴我，身邊的好朋友一個個都結婚，最近好多朋友還生了小孩，抱著朋友的小孩讓她很渴望結婚和當媽媽。

為著不想失去她，也確實理解她的心情，所以我答應結婚了。

小童開始忙著籌備婚禮，我卻一天一天感覺自己要死掉了，每當小童打電話給我問我訂那家飯店好不好？喜帖要紅的還是金的？要哪一天我有空拍婚紗照？之類的問題，我就覺得窒息，並且在那一個月裡，我一直感冒，咳嗽好不容易好，就又感冒。

小童每天熬薑湯或者是熱檸檬水，還有什麼川貝蒸梨之類的照顧我，但就是不見起色。

眼看距離婚禮只剩下兩個星期，我在某天夜裡咳嗽咳到喘不過氣，送去醫院急診，醫生說是氣喘，小童嚇得臉都白了，在急診室裡問醫生：「那他兩個星期後要舉行婚禮，到那個時候他會好嗎？」我在一旁雖不舒服也忍不住笑了出來，醫生耐心的跟小童解釋我的氣喘不會是持續喘不停，但要小心照顧，避免過敏源，才能夠不發作。接著醫生要我安排時間做過敏源檢查。

我心裡想著，其實根本不用檢查，我想我的過敏源應該就是「婚姻」吧。

邱老師分析

培君的氣喘原因明顯地與他對婚姻的恐懼有關。

記得小時候每當家裡停電的時候，我很喜歡玩一個遊戲，就是點著蠟燭，做各種手勢，藉著蠟燭光投射在牆上，形成巨大的黑色狼狗、海鷗、蝴蝶等，而我覺得用這個遊戲來形容我們自己被恐懼所綁架，非常貼切；那個巨大的陰影，其實是由我們自己創造出來。

每一個不幸福的婚姻，影響的通常不只是當事者的人生，往往還會賠上他們子女對婚姻的不信任和恐懼為代價。孩子幼小的心靈，只看得見婚姻帶來的痛苦，父母在婚姻中身體和情緒的暴力，種種激烈爭吵或冷戰；衝突過後母親的嚶嚶啜泣、父親的甩門而出……，父母各自因自己的情緒而無法顧及孩子，甚至因此肚子餓了也無人照顧等等後果，都是孩子內心難以抹滅的陰影，而**這陰影隨著孩子長大，不但不會消失，而是會跟著孩子長大而越加碩大無朋**。恐婚症的人，通常都有這樣的童年，他們害怕衝突的怪獸啃噬著自己，為了保護自己在兩性關係中不受壓迫，反而成為強勢的壓迫者……等等，種種在父母不幸福的婚姻下成長的後遺症，真是罄竹難書。

培君**身陷在自己創造出來的恐懼裡**，他如果不能明白；**與其讓身後那恐懼的怪獸追著跑，不如轉過身來面對牠**，父母婚姻的失敗，在他還是一個小男孩的時候，就如同天要塌下來一般讓我們感到絕望，但是，當我們自己成人之後，以成熟的心智來看，就應該可以看懂，父母的婚姻可能只是個性不合、價值觀有巨大的差異、生活習慣或是性事不協調的兩個人，因為被傳統觀念束縛，寧可選擇痛苦的勉強在一起，而不願意離婚。

如果我們願意勇敢的去面對童年時無法面對的傷口，也許就可以相信現在的自己，不論學歷、知識和見識都比當年的父母強，在兩性關係上能夠比父母處理得更好，有能力去療癒好自己的傷口。如果真的面對之後，還是無法克服內在的恐懼，也可以尋求專業的幫助，來瞭解如何自我調整，更應該要尋求伴侶的體諒與支持。怎麼樣都比我們只躲在恐懼的黑洞裡，傷害自己的的身體和心靈要強得多啊。

勇敢的走出來，跟我們自己創造出來名叫「恐懼」的怪獸好好搏鬥，我們一定能夠將牠從身體裡徹底剷除的。

邱老師飲食建議

葉培君症狀：胸悶、窒息感、反覆感冒和氣喘

氣喘通常可分為「身因」和「心因」兩種。

一、「身因」的原因與過敏性、食物誘發、細菌性、病毒性的感冒引發或支氣管炎有關。

1. 一般引起氣喘的過敏原有：灰塵、絨毛、羽毛類、人體或動物的皮屑、花粉類、環境中的塵蟎、黴菌等等。
2. 容易誘發氣喘的食物有：刺激性的食物（包括：辣椒、胡椒、山葵／哇沙米）、奶類製品、蛋類製品、堅果類、巧克力、魚、貝殼類（包括蝦、蟹、蛤蜊等）、番茄、帶絨毛的水果（包括桃子、水蜜桃、奇異果、草莓、枇杷等）；另外還有加工食品中的人工色素、香料、防腐劑等。有氣喘的人，應該對以上這些食物都嚴格忌口。

二、「心因」性的氣喘則與情緒有關，劇烈起伏的情緒，包括：生氣、緊張、恐懼等等。

通常我都會建議有氣喘的人，平常除了忌口上述的食物之外，要補充鈣質，因為鈣質可以幫助情緒穩定。

環境因素也是近年來引發氣喘的主要原因，空氣品質差、居家環境潮濕、不通風、抽菸或常處於二手菸的環境中，都對氣喘者非常不利，所以需要盡力改善長期身處的環境呦。

邱老師情緒輔助小工具

催眠

尋求專業治療師的幫助，催眠是我很推薦的一種方式，首先你一定要找有專業執照的催眠師，可不要隨便相信自稱會催眠的人喔。

因為專業的催眠師運用催眠，可以創造出一個內在療癒的空間，帶我們回到造成創傷的源頭，讓已經長大成熟的自己，去探索在當時的環境下事件發生的原因，或是能夠宣洩處理潛藏的壓力、衝突等，**讓我們有機會去擁抱年幼的自己，給予那個受傷的小孩愛與支持。**

催眠師會以客觀第三者的身分，幫助我們重新面對過去，從而建立現在的自愛、自尊和自信。我自己也曾經進行過這樣的治療，對我有很好的幫助，所以也分享給各位喔。

悲傷

案例1 余靜／女、42歲　職業／公務員

我四十二歲了，投入十年的感情，卻在發現他劈腿長達三年後結束。

說來很可悲，那個女人打電話給我，要我離開他，我才知道這件事情的，但是我卻沒有勇氣跟我的男人攤牌，因為我害怕他離開我。所以我掛了電話，一個人哭了很久，然後決定裝作不知道。

從知道他劈腿到真的結束，中間經過了一年多。這一年當中，我問他是不是該結婚了，雖然我們都不要小孩，但我還是想結婚，他居然回答我：「好呀，再給我兩年的時間，我們就結婚。」他說因為公司正在擴充，等公司穩定了之後，就來辦結婚。

我就開始安慰自己，也許他只是玩玩，他不是答應結婚了嗎？代表他是真

心愛著我的。儘管這樣安慰自己，我卻總忍不住在一個人的時候掉眼淚，那個女人傳了一大堆和我男人的親密照給我，晚上失眠的時候，我就一張一張的看，一邊看一邊哭。

這件事情我只有跟我妹妹說，妹妹問我：「你怎麼不跟他吵呢？你不生氣嗎？」很奇怪，我真的一點也不覺得生氣，只覺得悲哀。每一次跟他在一起，儘管我臉上笑著，心裡卻覺得淌血，回到家又是一頓哭。要我跟他吵什麼呢？我們終究沒有結婚，他本來就有權力選擇跟別人談戀愛，我能拿什麼理由罵他？

想想另外那個女人也挺可憐的，他又不是有婦之夫，她也本來就有權力跟這個男人在一起，難道她不是也不好過嗎？不然何必要打電話和傳那些照片給我？

所以到底要怪誰？也許只能怪我自己，是我自己不爭氣，沒有辦法滿足我的男人。

那天晚上，我準備就寢，接到他的電話：「我剛下班，陪我去吃宵夜吧。」我趕緊穿好衣服出去，他一邊吃飯一邊說：「我想了很久，我覺得跟妳已經像家人，我們很久沒有『那個』了對吧？」嘴裡還吃著豬耳朵，他接著說：「因為我覺得現在跟妳做會很像亂倫。」我臉上唰的一下像被打了一巴掌似的發熱，他邊喝啤酒邊說：「我們還是當家人吧，我沒辦法跟妳結婚。」

我滑著手機找到他跟那個女人的親密照遞給他，「是為了這個女人嗎？」他愣住了，「妳怎麼會有這個照片？」我說：「是她傳給我的。」他把筷子一摔，衝著我罵：「妳什麼時候看到的？妳居然問都不問我？妳怎麼這麼陰沉？這麼有心機！」我不曉得他是惱羞成怒還是什麼？我被罵傻了，呆住在那兒，眼淚流了又流，他好像是有些不忍心，結了帳，抓住我的手走上車子。

「不是因為她，我跟她也未必會有結果，真的純粹是我已經把妳當作家人，我還是會照顧妳，有任何事情，譬如妳心情不好，還是可以打電話給我，跟現在是一樣的。」我聽完點點頭。他便送我回家。

我不知道自己是怎麼了，只是一直哭，一直覺得很絕望，我都四十二歲了，接下來我還有可能戀愛嗎？但想到他說還是會照顧我，有心事還是可以告訴他，又覺得他還是愛我的。

我這樣哭了好幾天，實在覺得熬不下去了，鼓起勇氣打電話給他，他不是說過我還是可以打電話給他嗎？電話響了好久，就在我準備掛斷的時候，那頭：「喂？」傳來女人的聲音，我不知道該如何回應，那女人說：「我知道是妳，他在洗澡，本來不想幫他接的，但妳就死了這條心吧，我們下個月就要去峇里島結婚了，請妳不要再騷擾他。」

結婚？他不是說未必嗎？是啊，他說未必，就也有可能是會結的吧，我怎麼這麼傻？「可⋯可以⋯請他回電話給我嗎？」那個女人說：「妳要親耳聽到他跟妳說是吧？好！我就叫他打電話告訴妳！」

一夜無法入睡，眼淚乾了流，流了又乾眼睛都快哭瞎了，天都亮了，他沒有回過我電話，我不知道接下來我的人生該怎麼過下去？我妹妹說：「時間久了就會比較好的。」一天又一天、一個月又一個月，我卻一點也沒有辦法停止傷心。

每每回想起剛跟他在一起的時候，自己也才三十出頭，他那麼溫柔風趣，又那麼有才華和上進，我一直認為跟他有美好的未來，他就會是那個老了還與我手牽手散步的人，如今，我看著自己的老去，經期不規律又往往好幾個月才來一次，也許是初更年期，在這樣傷心熬了又熬的無數夜晚後，臉上也開始長痘痘，體重直線上升，而且可能是賀爾蒙失調吧，我的手毛和腳毛好像變多……，邱老師，看著這樣的自己，我又如何能夠相信還能找到幸福呢？

邱老師分析

我一直強調，**我們身體發生的問題，往往只是忠實的反應出內在壓抑的情緒，唯有誠實的面對，才有恢復健康的希望**。

如果一段感情沒有把你變成更愉悅的人、如果一段感情只是把你變成以淚洗面的人，那麼這就是一段根本不適合你的關係，也說明了對方並不是你的Mr. right。

在我們的一生中，不論好壞，永遠不會背離陪我們走到最後的，只有我們自己，所以要好好珍惜自己，才是我們該努力的事情，可笑的是，我們往往做很多事來討好別人，卻吝嗇多給自己一點時間好好休息、好好用餐、好好傾聽自己內在的需求，把取悅別人的方法用來取悅自己。於是有一天當失去所愛的時候，那被你長期疏於關愛的身體，也會背叛你。

當感情出現第三者，自己是被拋棄的那一方時，很多人會被巨大的痛苦所吞噬，痛不欲生地哭泣，這其中最讓人難過的情緒，其實是「我不夠好」，因為我不夠好，所以被拋棄了，真正受傷的是自我感覺受挫，自尊受到嚴重的傷害。

這個時候如果我們能了解，並不是因為有比我更好的人出現，所以對方不要我了；而是兩個人相處的過程裡，彼此會成長、改變，當成長的腳步不一致，或改變方向成了各自通往不同的兩邊，原本天造地設的一對，可能會在歲月的淘洗中漸漸失去當初相愛的面貌，因此不再適合現在的彼此而已。

我非常了解余靜的痛苦，因為我也曾經歷過這一切。**在我年輕追求愛情的**

歲月裡，在愛情裡挫折、失望、受傷、浮沉……，最後連我的身體也背叛了我，我才驚覺，我們渴望在愛情裡被瞭解、被呵護，卻從來不曾認真的瞭解自己、呵護自己，為什麼我們不願意自己為自己做，而要期待別人來為我們做？

於是我開始學習了解我自己、傾聽內心的聲音、照顧身體的健康、取悅自己，當我願意為自己努力之後，漸漸成長為一個有肩膀的女人，可以做一個讓我朋友、學生、夥伴依靠和傾訴的對象，從有限溫存、無限辛酸的愛情中走出來，才知道天地有多大，這個世界裡需要我們付出愛的人、事、物太多了，何必自困在得不到的愛情裡呢？

記得有一位諮商者問過我一個問題，她說：「我是一個虔誠的佛教徒，每天都很誠心的念經，跟菩薩許願；希望我旗下的藝人演唱會成功（她是一位經紀人），通常都會得償所願，但是我同樣求菩薩給我另一半，求了這麼多年，為什麼總是沒有著落呢？」

我回答：「妳許願的方式錯了！妳又沒有『缺角』，為什麼求另一半呢？」如果她許願的內容是：「菩薩啊，我每天都努力地生活，過得好快樂，求菩薩給我一個懂得感恩的伴侶，來分享我的快樂，讓我們一起圓滿我們的人生！」那麼每一刻都有上千萬的人在跟菩薩祈求各種慾望，但是這個人說她想要分享她的快樂給別人，我相信這樣的人，會被菩薩先滿足吧！

拿這個案例來分享，就是希望每一個人都明白，**當妳珍惜自己，成為一個可以因為健康、滿足，而願意付出愛的人，快樂自然會跟著你**，而你所渴望的事情會改變，因為一個自己懂得快樂的人，不需要渴望別人來圓滿他，他自己就已經是圓滿、不缺角的人了。

誠心祝福余靜，把這次感情的挫折，當作成長的契機，先把注意力放回自己的身上，從償還身體開始，把健康找回來，開始愛自己、寵自己，等到妳快樂起來，那個懂得感恩，可以跟妳分享快樂的人，也許就在轉角處等著妳呢。

邱老師飲食建議

余靜症狀：經期不規律、月經久久才來一次，臉上長痘痘、手毛腳毛變多、體重直線上升，多囊性卵巢症候群

余靜的狀況可以說是多囊性卵巢症候群，原因簡單的來說分為兩種：一種是飲食造成的，另一種則跟情緒有關（其實大多數的健康問題都跟情緒有關）。情緒的調整需要找到適當的方法來慢慢改善，飲食調整好身體健康後，對情緒也就會有很大的幫助。

所以請余靜和其他跟余靜有相同症狀的朋友，照著我以下的建議來調整自己的飲食：

1. 嚴格忌口所有含蛋的食物，包括，雞蛋、鵪鶉蛋、鴨蛋、皮蛋、鹹蛋、鐵蛋、蛋糕、蛋捲、蛋餅、泡芙、布丁、茶碗蒸、美奶滋、銅鑼燒、牛軋糖、蛋黃酥、蛋蜜汁、鳳梨酥外皮、含蛋的餅乾麵包、馬卡龍等西點類，撈麵、黃色拉麵、義大利千層麵等。**以免誘發男性賀爾蒙變多，讓多囊性卵巢症候群的狀況更嚴重**。
2. 嚴格忌口帶殼海鮮和軟體海鮮，帶殼海鮮包括：蝦、蟹、蛤蜊、牡蠣、蚵、干貝、九孔、鮑魚、西施舌、蜆、螺類等。軟體海鮮則包括：章魚、小卷、烏賊、花枝、魷魚、海蜇皮等，高膽固醇及含鋅、硒較高的食物。
3. 嚴格忌口寒性食物，包括：白菜、地瓜葉、豆苗、黃瓜、苦瓜、絲瓜、冬瓜，芥菜、白蘿蔔、生菜沙拉、生魚片、冰品等等，下午四點後不要吃葉菜類和水果。

4. 嚴格忌口上火的食物，包括：高溫油炸、高溫燒烤、碳烤、高溫快炒、爆炒方式烹調的食物。另外：沙茶、咖哩、紅蔥頭、紅蔥酥、麻油、薑母鴨、麻油雞、羊肉爐、藥燉排骨等。堅果類的有：芝麻、花生、杏仁、核桃、開心果、南瓜子、葵瓜子、蠶豆、腰果、松子、夏威夷果仁、米漿（含花生）等。水果類的則有：荔枝、龍眼、榴槤、櫻桃等。飲料類則有：咖啡、市售黑糖薑母茶。

5. 三餐定食定量，每一餐都要有肉、有菜、有澱粉，營養均衡（請參照擇食三餐吃法）。

6. 吃飯時要細嚼慢嚥，每一口嚼三十下。

7. 晚餐盡量在晚上七點半以前吃完。若晚上七點半之後才能吃晚餐，或肚子有些餓了，只能吃澱粉，而不要吃肉和菜。

8. 紅豆茯苓蓮子湯每天喝一碗，幫助消水腫和安定情緒。

案例2 章亦勤／男、40歲 職業／文化事業

一直有堅定的決心，在我決定跟她求婚的那一刻「結了婚我絕對不離婚」！這個決心來自我的家庭，我父母年輕的時候，我爸會打我媽媽，次數不多，但當時我就告訴自己：「將來我絕對不會打女人！」我哥哥在我決定結婚時，他已經離過兩次婚，在我心底，我覺得這樣的家庭是蠻難接受的，好像一家子都過得亂七八糟，所以我告訴自己：「一旦結婚，就絕不離婚。」

婚後，我跟太太是人人稱羨的神仙眷屬，我們兩個都高薪，又沒有孩子，過得很瀟灑，身邊又有許多好朋友，除了上班，沒事就帶著我太太和一群朋友一塊玩，不論是出國旅遊或趴踢，我跟太太都能一起玩，並且我們能夠無話不談。

這樣快樂的人生，卻沒能一直走到最後，在婚後的第八年，我開始覺得我太太有些改變，一直以來她是個帥氣的女孩，但她開始穿著打扮得很女人，剛開始我覺得也不錯，換個感覺挺好的，也還這樣跟她開玩笑的說過。接著她漸

漸不參加我們和朋友的聚會，她要我自己去，說她另外有約。

我想兩人之間有各自的空間也好。於是我們開始各玩各的，但她比我有過之而無不及，我常半夜兩點多回到家，她都還沒回家，因為信任，我開頭就梳洗睡覺去，次數多了，有次我刻意等她，等到清晨五點多她才回來。因為太了解她，她一直討厭人管，所以我忍著什麼也沒問，只跟她說要早點睡，畢竟她身體不太好。她冷冷的瞪著我，我生怕會吵架，立刻投降的說：「好好好，我不管妳。」

第二天起床，她幫我弄了咖啡，跟我坐在餐桌上，開口說：「我要離婚。」我嚇了好大一跳，不論我們之間有什麼樣的改變，我一直自信不會動搖到我們的感情，她接著說：「我要自由，我不想要這樣過下去。」我問她：「妳現在不自由嗎？我什麼時候管過妳？」她冷靜的說：「不是你的問題，是我的問題。每次在外面玩，想到你在家裡，我就玩得不痛快！」我火了：「妳玩到早上五點還不痛快？！」她維持著冷靜說：「我就講是我的問題，跟你沒有關係。」我想我已經做到任何一個男人都無法做到的地步，我問她：「妳是不是在外面認識了妳喜歡的男人？」她遲疑了一下，對我搖搖頭，我說：「沒關係呀，妳告訴我，如果妳想玩，我不會管你，妳只要不讓我看到就行。」她用古怪的眼神看著我，然後說：「都跟你講了沒有，就不是你的問題，也不是別的男人的問題，我就是不想要跟你在一起了。」

一個星期後，她把離婚證書放我書桌上，要我簽好去辦離婚手續。

我覺得真荒唐，自始至終，我都不明白她究竟為什麼要離婚。而且離婚之後，我聽朋友說是她在英國找到工作，去了英國，那麼遠，那麼遠，那麼遠，她離了我那麼遠。

隔了一年多，我認識了另一個女孩子，並且很快地我又跟她結婚了。我現在的太太對我很好，比起前妻，她個性比較平凡，觀念也比較傳統，很懂得怎麼照顧人，跟她在一起的生活，很平穩，也很舒適。應該可以快快樂樂過日子，我的健康卻越來越糟，常常發生急性蕁麻疹，而且失眠得很嚴重，造成我習慣性頭痛，也開始記性很差，總之就是全身都不對勁，這裡痛那裡痛的。

我還變得很不願意出門，過去的朋友也沒有連絡了，我害怕聽他們提起我前妻，更害怕他們讓我想起我前妻。而且即使我現在的生活沒有什麼不好，我卻常常看電視看著看著，沒來由的想哭。有時我因為忍不住想哭而躲進書房，我太太就會一直追問我怎麼了？我一點也不懂我怎麼了，要我如何回答呢？只覺得整個人好疲倦。

我曾經發誓絕不離婚的，但多麼失敗，我還是離了婚，並且還離得不明不白，這次的婚姻，我無論如何要守住，我總是不願意去回想那段婚姻裡的任何事情，有時還會覺得那八年自以為很快樂的日子，實在太諷刺了，是我太天真、太傻。看著現在這個殷實的太太，我雖然找不回年輕時對愛情那樣的瘋狂與熱情，但我絕對不能再失敗。

即使那莫名想哭的情況仍舊常常發生，但我知道總有一天會過去，能夠把前一段婚姻在記憶裡徹底抹去。

邱老師分析

亦勤的情況，我認為主要的原因是他的情緒造成的。我常在諮商的時候說一句話：「提出分手就跟辭職一樣，拿出來講的場面話，通常不是真正的理由，其實真正的理由很簡單，就是不愛了！」

所有的愛都需要經營，人會變，愛也會跟著變，歲月會帶走青春，也會淡化激情，我們常陷在「不是說好要永遠在一起嗎？」的痛苦裡，而不願意去相信當時說這話是真心的，但是當「心」改變了，誰也無法控制。

世事本無常，沒有什麼可以是永遠的，我們必須學習去接受，如果早點能體會，就可以更加珍惜相處時的美好，**當有一方的心念改變了，我們應該感謝對方曾經給過我們的美好，而能夠因為這份感謝，放手祝福，各自安好**。

有太多人被「永遠」這兩個字欺騙，總是天真的以為海會枯石會爛，但我們永遠不會變，為了虛幻的永遠，錯過了可以好好把握的現在，而讓「永遠」的心意成了遺憾。

前妻到底為什麼離去？這是解不開的謎，唯一可以確定的是，她的人生不會再和亦勤有交集，只有面對現實，才有希望從傷痛中重生，而不是糾結在「她為何要離開我」的泥沼中，將自己陷入悲傷，不可自拔地賠上自己的健康。

悲傷會讓你情緒低落、心痛，耗損你的能量，亦勤可以選擇在悲傷中煎熬，等待時間沖淡一切；也可以選擇積極地面對現在，先找回身體健康，同時不要忘了珍惜眼前人。

從上一段婚姻的失敗中，亦勤應該也會得到一些智慧，多一點關心，也許太太就不會覺得你不在乎她而變心，在兩性關係中，「鄉愿」是沒有幫助的，不要拿對方不愛被管當藉口，只要是真心的關懷，對方一定會感受到。

如果你不珍惜現在的擁有，她也不會是「永遠」，不要總是眷戀過去曾經擁有的，幸福的滋味百百種，平淡的幸福，往往能走得更長、更遠，希望亦勤不要重蹈覆轍。

時間會帶走悲傷，一天一天你會覺得緊繃的胸口慢慢鬆開，漸漸地看得到藍天，感受得到季節的變換，彷彿死過一回，重返人世。我要告訴你，這一切不會白費，**時間會將悲傷沉澱為一種感知的能力、寬容的態度、心會平靜而柔軟，而你也會成為一個更懂得愛的人。**

邱老師飲食建議

章亦勤症狀：急性蕁麻疹反覆發作、情緒低落抑鬱、失眠、頭痛、忘東忘西、全身疲勞、全身到處痛

我們先從急性蕁麻疹來看，**急性蕁麻疹可分為兩種：**

一、**體質太寒。**這一種因素的蕁麻疹通常在晚上發作。

這一種蕁麻疹的飲食調整方法如下：

1. 每天喝擇食早餐的薑汁，喝法是用薑汁三大匙加五百CC的熱水、加一匙二號砂糖後，當水慢慢的喝（當蕁麻疹痊癒後就改為正常喝法）。

2. 忌口寒性食物，包括：白菜、地瓜葉、豆苗、黃瓜、苦瓜、絲瓜、冬瓜，芥菜、白蘿蔔、生菜沙拉、生魚片、冰品等等，下午四點後不要吃葉菜類和水果。

二、**食物過敏**。當蕁麻疹發作的時間不分早晚，就多半是這個因素。調整飲食的方法如下：

1. 忌口寒性食物（同上）。
2. 忌口：玉米、芋頭、五穀雜糧、南瓜、番茄、青椒、甜椒、茄子。
3. 忌口蛋類製品。包括：雞蛋、鵪鶉蛋、鴨蛋、皮蛋、鹹蛋、鐵蛋、蛋糕、蛋捲、蛋餅、泡芙、布丁、茶碗蒸、美奶滋、銅鑼燒、牛軋糖、蛋黃酥、蛋蜜汁、鳳梨酥外皮、含蛋的餅乾麵包、馬卡龍等西點類，撈麵、黃色拉麵、義大利千層麵等。
4. 忌口奶類製品，包括：牛奶、調味乳、優酪乳相關產品、起司、冰淇淋、煉乳、高蛋白牛奶製品、乳清蛋白等。
5. 忌口上火食物，包括：高溫油炸、高溫燒烤、碳烤、高溫快炒、爆炒方式烹調的食物。另外：沙茶、咖哩、紅蔥頭、紅蔥酥、麻油、薑母鴨、麻油雞、羊肉爐、藥燉排骨等。堅果類的有：芝麻、花生、杏仁、核桃、開心果、南瓜子、葵瓜子、蠶豆、腰果、松子、夏威夷果仁、米漿（含花生）等。水果類的則有：荔枝、龍眼、榴槤、櫻桃等。飲料類則有：咖啡、市售黑糖薑母茶。

6. 忌口帶殼海鮮。

情緒低落抑鬱，失眠、頭痛、忘東忘西、身體疼痛、身體疲倦這些症狀，很可能跟常吃到影響神經的食物有關，也有可能是因為缺乏鈣質，飲食的調整如下：

1. 忌口影響神經的食物，包括：鮭魚、糯米製品（包括油飯、湯圓、麻糬、酒釀、粽子等等）、竹筍（包括筍絲、筍干）、大白菜、小白菜、大黃瓜、小黃瓜、苦瓜、絲瓜、瓢瓜、冬瓜、芥菜、雪裡紅、白蘿蔔；鳳梨、芒果、龍眼、荔枝、水蜜桃、哈密瓜、香瓜；巧克力、咖啡、濃茶、可樂、瓜拿納茶等。

2. 如果是因為缺鈣，日常生活中要補充鈣質，攝取含鈣的食物，包括：綠豆、油菜、空心菜、高麗菜、紫色莧菜、木耳、乾香菇、杏仁、紅棗、蓮子、榛果、蛤蜊；而海帶和紫菜也含有鈣質，但是甲狀腺有問題的人不能吃；也可以吃檸檬酸鈣來補充鈣質。鈣質可以幫助緩解頭痛、失眠、及身體疼痛和忘東忘西的狀況。

情緒低落、憂鬱、全身疲勞，需要的飲食調整是：

1. 忌口黃豆類製品，包括：豆干、豆皮、豆腐、豆花、豆漿、黃豆芽、蘭花干、素雞、素肉、味噌、毛豆、納豆、素火腿、黑豆、黑豆漿、豆豉等等。
2. 忌口寒性食物。
3. 補充優質蛋白和澱粉。

以上的建議，如果都做了超過半年，但所有症狀只是緩解，卻沒有痊癒，那就表示亦勤真的需要藉助專業來調整心理上的問題，輔助亦勤恢復身體健康。

邱老師情緒輔助小工具

早上起床的時候聽非洲鼓的音樂來提振低落的情緒。當然如果可以自己學習打非洲鼓，就更能夠讓情緒得到提升並且可以抒發壓力。

另外在天氣晴朗的時候，也可以多到戶外走走，不一定非得千里迢迢跑到多遠，像是河濱公園、大安森林公園都可以，領受大自然、曬曬太陽，也對心情開闊很有幫助的。

Chapter4

家庭帶來的常見情緒

內疚

案例1 徐娟娟／女、28歲　職業／總機兼雜務

在公司裡，我坐在不起眼的角落，一張小小的桌子上面總堆滿大家要寄的信件，或者是需要我幫忙列印的文件。

每個人經過我的位子，總是把要交給我處理的東西放在我面前，卻看也不看我。接電話時，幫任何人轉接，也從來沒有人跟我說句謝謝，好像電話都會自動轉接一樣。

我不是抱怨，我的人生一直都是這樣的存在，我記得有一次其他部門的主管問我：「我今天看人事資料看到妳的，原來妳已經二十八歲啦？」我看他一眼，就把頭低下，這種問話聽起來像是在嘲笑我，他接著問：「妳打算一輩子都做總機嗎？妳要不要想想未來要做什麼啊？」我只能把頭低得更低，除了做總機我還能做什麼？只有高中畢業的程度，也沒有一技之長，況且一輩子做總

機有什麼不好？為什麼不行呢？

看我一直不回答，那個主管自己就無趣的走開了。

我真不懂關他什麼事情？如果人人都不要做總機，那他們以後不就得自己接電話、自己去郵局寄東西、自己影印文件、自己訂便當嗎？我知道這是個很卑微的工作，但那個主管怎麼可以問我這種問題？很羞辱人呀。

那天回到家，我直接進房間，我媽一看我的臉色，她立刻就臉色也變了，連問都沒問我發生什麼事，就狂敲我房門，一邊大喊：「妳一進門就給我看臉色啊？妳做什麼了不起的大事業，動不動就擺臉色？」我在房間裡整個人都要爆炸了，我摀著耳朵也擋不住我媽尖銳的嗓音，她繼續喊：「妳給我開門，滾出來，妳跟老娘講清楚，家裡是餓著妳還是冷著妳？我哪裡對不起妳，妳給我滾出來說清楚。」

我只好開門，門才一開我媽就把我往裡面推，我一踩跌在地上，她還是不放過我，「妳說啊！一回來就擺臉色給誰看？」我怕她更生氣，小小聲的說：

「我沒有呀，是工作的事情，我只是因為身體有點不舒服。」接下來她還是一頓狠罵。

我倒沒有特別難過，從小她就是這樣對待我。我上有一個哥哥、下有一個弟弟，但他們兩個只會聯合起來欺負我，等大家漸漸長大，他們雖然不會欺負我了，但都對我很冷淡。媽媽非常重男輕女，也常常跟我說將來我是潑出去的水，遺產是不會有我的份的。

所以高中畢業之後，我就沒有升學，雖然我自己也不是書念得很好，但我媽說反正女人最後就是找個人嫁掉，念再多書也沒有用。我記得我跟同學轉述我媽的話，我同學眼睛睜得大大地說：「妳媽活在哪個咸豐年間呀？她是穿越到現代的嗎？怎麼還有這種觀念。」

但是跟她講道理也只會遭來一頓毒罵，我想除非認命，不然根本無法在這個家活下去。所以雖然當時我有點想繼續念大學，但一點也不想跟我媽爭取。畢業後就找到這個總機的工作。

我也做過那種夢，什麼被總經理看上的總機小姐之類的，但我們總經理大概到現在連我長什麼樣子都不清楚，他根本沒跟我說過話，而我有時候照鏡子也不免嘲笑自己的夢，我長得這麼平凡，哪會被總經理看上。

雖然我自認工作做得還不錯，但因為這些都是很簡單的事情，我本來也沒有其他的本事，要想這輩子能有什麼成就是不可能的了。

我很想去整形，現在不是很流行醫美嗎？我的眼睛又小又腫，如果可以割個雙眼皮多好；然後我的臉腮幫子很寬，聽人家說打肉毒桿菌就可以變小。臉上還長滿了一堆粉刺，整張臉都紅紅的。但我一個月的薪水只有一萬八千塊，扣掉勞健保大概只夠我吃飯和交通費，偶爾去看電影都算奢侈的花費，哪有錢去整形呢？

長得不漂亮、又沒有能力、將來也不會有遺產，我想我就只能這樣平淡的過自己的人生了。邱老師，我要問妳的是，我每個月經期來的時候肚子都好痛，而且因為我很保守，只在好幾年前看過婦產科，醫生說我有子宮肌腺瘤，我不知道這個病嚴不嚴重？我只是想解決這個問題，麻煩邱老師了。

邱老師分析

重男輕女是東方傳統社會價值觀的問題，不只是家庭，在職場上也比比皆是，娟娟**與其感嘆自己是爛命一條，不如好好的思考如何把一手爛牌的人生打得精彩漂亮**。

說得簡單，如何做呢？當外在的一切無法順心如意時，先從調理自己的身體和生活習慣開始，忌口會讓自己長痘痘、子宮肌腺瘤變大和經痛的食物，然後認真擇食吃三餐，營養均衡，早睡早起，執行幾個月，身體自然會回報妳。肌膚變得水嫩，水腫消了，身形變漂亮，睡眠充足的人，自然會有好心情。

邱老師並不反對微整形，如果選擇口碑好可信賴的醫美中心，以現在的微整技術來說，割個雙眼皮或打個肉毒都是小CASE，但是如果外表變成天鵝，而內心還是覺得自己是醜小鴨的話，那別人欣賞多看兩眼，也會被自己解讀成是不是我整得很奇怪，別人在嘲諷我呢？

變美不一定能改變妳的人生，但求上進會，下班後與其回家看母親的臉色，不如爭取時間去上課，學習第二專長，日後也比較容易有轉職的機會，先為自己增加收入，才有離開原生家庭、自力更生的本錢啊！

在這世上，沒有一份工作是卑微的，端看用什麼樣的心態去做這份工作，每一份工作如果用心，都能找到可以在工作中學習更多的方法，不要事事等人交代才做，主動去想我能多做些什麼，觀察別人的工作內容，找機會幫忙學習，多問、多聽、多學，學歷低不是能阻擋想要飛翔的障礙，**真正阻礙我們的是那不安於現狀但又怕麻煩，懶得改變的心態呀！**

邱老師飲食建議

徐娟娟症狀：臉上痘痘、子宮肌腺瘤、經痛

痘痘的定義比較籠統，細分來說可以分為大顆、紅腫、較硬然後會化膿的為青春痘；另一種是小小的、有時會化膿的白頭粉刺，有時不會化膿，但會形成黑頭的粉刺。這兩種討人厭的臉上違章建築都有一個共同的原因，跟上火有關，所以想要拆除臉上的違建，一定要做到不上火，怎麼做呢？

1. 嚴格忌口上肝火的食物包括：沙茶、咖哩、紅蔥頭、紅蔥酥、麻油、薑母鴨、麻油雞、羊肉爐、藥燉排骨等。堅果類的有：芝麻、花生、杏仁、核桃、開心果、南瓜子、葵瓜子、蠶豆、腰果、松子、夏威夷果仁、米漿（含花生）等。水果類的則有：荔枝、龍眼、榴槤、櫻桃等。飲料類則有：咖啡、市售黑糖薑母茶等。會造成上火的烹調方式，包括：高溫油炸、高溫燒烤、碳烤、高溫快炒、爆炒等。
2. 不熬夜，晚上最晚要在十一點前睡著。
3. 做好情緒調理。

另外，還有影響最大的兩個殺手級食物要認真忌口，如果還要繼續吃，那臉上的青春痘和粉刺可是會陰魂不散，春風吹又生喔！

1. 黃豆製品，包括：豆干、豆皮、豆腐、豆花、豆漿、黃豆芽、蘭花干、素雞、素肉、味噌、毛豆、納豆、素火腿、黑豆、黑豆漿、豆豉等等。
2. 蛋類製品，包括，雞蛋、鵪鶉蛋、鴨蛋、皮蛋、鹹蛋、鐵蛋、蛋糕、蛋捲、蛋餅、泡芙、布丁、茶碗蒸、美奶滋、銅鑼燒、牛軋糖、蛋黃酥、蛋蜜汁、鳳梨酥外皮、含蛋的餅乾麵包、馬卡龍等西點類，撈麵、黃色拉麵、義大利千層麵等。

而需要補充的飲食，則如下：

認真攝取水份。夏天時，從早上起床到晚上九點前要攝取 2000cc 的水份（包括薑汁、雞湯、水）。冬天時，從早上起床到晚上九點前要攝取 1800cc 的水份（包括薑汁、雞湯、水）。有運動時，可額外多攝取 200～300cc 的水份，晚上九點後，如果覺得渴，可以喝一口水含著，再慢慢吞下，用這個方法補充水份。

子宮肌腺瘤通常會伴隨嚴重的經痛，平常就要嚴格忌口可能會讓瘤長大的食物，如蛋類、魚類、竹筍類、黃豆類、奶類、寒性食物、上火食物、山藥、蜂王乳等，另外還要忌口影響神經的食物（包括：鮭魚、糯米製品如油飯、湯圓、麻糬、酒釀、粽子、年糕等等、竹筍，連筍絲、筍干都是、大白菜、小白菜、大黃瓜、小黃瓜、苦瓜、絲瓜、瓢瓜、冬瓜、芥菜、雪裡紅、白蘿蔔；鳳梨、芒果、龍眼、荔枝、水蜜桃、哈密瓜、香瓜；巧克力、咖啡、濃茶、可樂、瓜拿納茶等），如果有吃到，可是會讓妳在經期的時候痛不欲生喔！

子宮肌腺瘤引起的經痛，很難調理到完全不痛，但可以靠忌口以上的食物和平常認真喝薑汁（經血量多者，經期停喝），多攝取含鈣食物或適量補充檸檬鈣片（可安定神經、舒緩疼痛）來大幅降低經期的不適。

案例2 王月雲／女、35歲 職業／自由

要講的故事，是我難以啟齒的，但是近來身體已經到了覺得要死掉的狀況，所以只好跟邱老師求救。

我現在的男朋友是無業遊民，偶爾他會帶回一筆錢，大約一、二十萬，然後又是一年兩年沒有工作。我沒有問每次那一筆錢是哪來的，而他一旦有了錢，會在短短的時間之內就上飯店、東買西買揮霍光，接下來就只會伸手跟我拿錢。我自己一個月能賺的錢也不多，供我們兩人一起生活已經不容易，要給他錢能有一千塊給都不錯了，有時他心情不好就會打我。

他並不是拳打腳踢的那種，而是賞我耳光，或者是拿東西丟我，除了有一次他抓起菸灰缸丟把我額頭打傷之外，也不至於讓我受多嚴重的傷，頂多嘴角或臉頰瘀青。那次真的讓我見血，他自己也嚇到，一直跟我道歉，所以我覺得他對我還不錯。

能夠有這樣一個人，願意跟我在一起我已經是萬分感激老天爺了。像我這樣爛的女人，他竟然還愛我，我除了感恩之外，再沒有別的要求。

我十四歲的時候，被繼父強暴，第二天早上我哭著求媽媽救我，我媽指著我說：「誰叫妳每天穿著背心短褲在家裡晃來晃去，這是妳自己的錯，年紀小小就這麼賤！而且妳跟我現在都靠這個男人養，妳就當是報答他，哭什麼哭？」繼父似乎在門外偷聽到，當我打開門要衝出去時，看見他就站門口對著衝出去的我笑。

在那之後繼父幾乎隔一兩天就會來找我，對我做那件事情，而在其中一次我腦海中浮現出似乎在我更小的時候，隔壁的一位伯伯把手伸進我裙子裡的畫面，但是我不確定那是真的有發生，或者是我自己的幻想。

後來繼父出車禍死掉，在他的喪禮上，我媽一直用惡毒的眼神瞪我。繼父死後沒多久我媽就離家出走，我再也沒見過她。那個時候我才國中剛畢業，鄰居有位阿姨看我可憐，就介紹我到她工作的工廠當工人，工廠有提供宿舍，我也才能養活自己。

有一天因為過年工廠宿舍的人都回家去了，我住的房間只剩下我一個人，睡到半夜，我好像先是被一陣酒臭味燻醒，然後我發現工廠經理正在摸著我的身體，不論我怎麼掙扎都沒有用，那天晚上我又被強暴了。我簡直不敢相信會有這樣的遭遇，我回想起我媽當年跟我講的話，我猜這真的是我的錯，為什麼整個工廠的女生，他偏偏挑上我？一定是我做了什麼讓他想要對我做這件事。

經過十四歲時的教訓，我沒有跟任何人說起過這件事，當然工廠經理也自此對我特別好，給我加薪還升為領班。雖然他有時會趁四下無人時對我東摸西摸，但我想就當是我報答他提拔我吧。

有次下班，工廠經理叫我陪他跟朋友去吃消夜，我現在的男友就是他的朋友。那次消夜後，我男朋友開始常常到我做工的地方等我下班，帶我出去吃東西，再送我回來，半年之後，他要求跟我同居，我才從宿舍搬出去。

因為帶著那些骯髒的往事，我總覺得對現在的男朋友不公平，因此我開始跟他坦白，聽完那些經歷，他摟著我說真可憐，他會好好對我，讓我不再受傷。

我感動的痛哭，決心要好好回報他對我的愛。

後來有次他跟我要錢，我說只剩下五百元，可以給他四百，讓我自己留一百塊，他摔下酒杯，一邊打我耳光，一邊罵：「妳這個賤女人，妳知不知道像妳這樣的爛女人除了我，沒有男人會要妳……」他接著說了許多更不堪入耳的話，我沒有哭，甚至沒有生氣，因為他說的都是真話。

他說可以介紹我去酒店上班，以我的樣子，應該可以賺很多錢，我為了可以賺更多錢，不要讓他再這麼生氣，就答應了。

我們的確賺了更多錢，他也越來越少打我，除非酒喝多了，他才會失控打我，但我其實無法忍受現在的工作，不是客人有多難應付，再怎麼難應付也沒有當年我那個死掉的繼父那麼粗暴。剛開始做的時候我只有二十多歲，這十幾年來，我不論賺多少，他都會花光，現在我的年紀漸漸大了，吃不消每天喝酒，我常常胃出血，醫生也警告我肝功能不好，胃又穿孔，不能再喝酒熬夜了。

我跟男朋友商量，男朋友看著我說：「妳現在還是很漂亮，不做太可惜了，而且我答應妳，現在我們開始存錢，妳再賺個三年，三年之後我們就可以舒舒服服過日子，妳就不用再做了。」

這樣說真的很讓我高興，所以我就答應他再做三年，但是這幾個月，我臉色越來越黃，臉上開始長斑，肚子也好像總是脹氣。往往睡覺一睡就是十幾個小時也爬不起來，上班就會遲到，嚴重影響我的收入，所以最近他又開始打我，說我不知道惜福，只想偷懶……，我真的不知道該怎麼辦了。我的胸部也常常發脹發痛，醫生說我是乳癌，並且我的婦科反覆發炎，有什麼方法可以讓我恢復體力嗎？乳癌是不是就沒救了？

邱老師分析

在諮商的經驗裡，碰過很多像月雲這樣的女性，對生命裡的挫折逆來順受，選擇用吞忍的方式來逃避面對自己的創傷，總是怨天尤命，甚至覺得一切都是自己身為女人的錯，如果自己不是女人身為男人就好了……**當妳從骨子裡否定自己性別的時候，我們那忠誠的身體會認真去執行妳所想的。這個時候，**

跟性別有關的器官會開始病變，而最終可能不小心願望成真，到最後所有女性性徵的器官都要摘除，讓妳當不了女人！

從月雲身體出現的問題來看，她是屬於體質很虛寒的人，通常體質虛寒的人容易氣虛，氣虛的人外表看起來會比較怯懦怕事，人的本性欺善怕惡，柿子揀軟的吃，惡人要欺負人也是會挑對象的。如果月雲的個性潑辣，遇事會反抗到底，同時身體健康強壯，繼父不見得敢對她下手，往後也不一定會再發生同樣的慘事。

被欺負了，母親不但不保護，反而因為現實考量而指責月雲，讓她認為是自己的錯，這樣的母親有她的缺失，幼小時的創傷，我們無法靠自己療癒，但是長大後，卻可以主動的尋求專業的幫助，而不是躲在黑暗的創傷裡就此沉淪。

月雲的自我價值低落是她悲慘遭遇的起源，而她因為這些悲慘的往事，厭棄自己身為女人的現實，最終身體的女性器官開始病變。

重建她的自我價值是她目前的課題，開**始學習珍惜自己、尊重自己，學習**

拒絕暴力的對待，還有學習愛與被愛。先從愛的念頭開始，每天努力去做對自己身體有益的事，愛自己的身體，去感受陽光照耀的溫暖，這會使人產生正面的能量，去感受食物的滋味，這會滋養她的身體帶來對抗疾病的力量。每天用好的念頭來代替悲觀的情緒，當心念改變，好事就會隨之而來。**把體質調溫暖，氣血充盈來進行治療，那麼癌症不一定會是毀滅的結果，而是新生活開始的契機，祝福月雲，也祝福所有不認同自己性別而在受苦的人們。**

邱老師飲食建議

王月雲症狀：臉色發黃、睡不飽、脹氣、婦科反覆發炎、乳癌

脹氣的可能性原因多很多，粗分可分為身因性和心因性兩大類。

一、身因性有可能為食物引起的脹氣如：黃豆製品、蛋類製品、奶類製品、五穀雜糧、竹筍類、糯米類、發酵類（如饅頭、包子、麵包、蛋糕、餅乾等）還有過度甜食，也有些人吃了芋頭、馬鈴薯、地瓜會脹氣，所以有脹氣的人應該先嚴格忌口以上的食物至少半年，等脹氣情況至少消失半年以上，再選喜歡的一樣一樣少量試吃，如果吃了又出現脹氣，那表示身體目前還是無法接受這個食物，就要再繼續忌口半年後再試。

二、心因性的狀況有因為緊張而脹氣，也有因為憤怒、鬱悶而造成橫隔膜攣縮而脹氣（會感覺想打嗝打不出來）。因緊張而來的脹氣，可以用補充檸檬酸鈣片來緩解，橫隔膜攣縮可以嘗試熱敷，加上靜心腹式呼吸來放鬆，另外，也要找出造成憤怒和鬱悶的情緒源頭加以調解。

還有一種脹氣的原因是久坐不動，所以要盡量提醒自己，連續坐上兩、三個鐘頭，一定要起身走動，上下班可以走個一站再搭公車或捷運。

婦科反覆發炎通常跟體質太寒，免疫力下降有關，調整的飲食方法有：

1. 忌口寒性食物，包括：白菜、地瓜葉、豆苗、黃瓜、苦瓜、絲瓜、冬瓜，芥菜、白蘿蔔、生菜沙拉、生魚片、冰品等等，下午四點後不要吃葉菜類和水果。這是第一要務。

2. 擇食早餐前的薑汁和擇食三餐認真吃。優質蛋白質認真補充，把體質調溫暖了，惱人的婦科反覆發炎的狀況就會好轉。

婦科在發炎的抗生素治療期間，可以買免洗的棉質內褲洗過再穿，穿過即丟，療程結束後要把發炎時穿過的內褲全部換新，以免帶菌的內褲穿了再重覆感染，另外，內褲不要掛在曬不到太陽的浴室或後陽台陰乾，梅雨季節，可洗完直接用除濕機除乾後再穿，以免黴菌感染。

另外，如果有性伴侶者，在接受發炎治療時，最好伴侶也一起接受治療，以防治療後的交叉感染，有性生活的女性，除非想要懷孕，否則每次性行為時，請堅持全程使用保險套，這是目前已知最有效避免發炎或感染人類乳突病毒造成子宮頸癌最有效的預防方法。

乳癌的患者除了接受治療以外，飲食上要特別忌口的有：

1. 蛋類製品，包括：雞蛋、鵪鶉蛋、鴨蛋、皮蛋、鹹蛋、鐵蛋、蛋糕、蛋捲、蛋餅、泡芙、布丁、茶碗蒸、美奶滋、銅鑼燒、牛軋糖、蛋黃酥、蛋蜜汁、鳳梨酥外皮、含蛋的餅乾麵包、馬卡龍等西點類，撈麵、黃色拉麵、義大利千層麵等。
2. 奶類製品，包括：調味乳、優酪乳相關產品、起司、冰淇淋、煉乳、高蛋白牛奶製品、乳清蛋白等。

3. 黃豆製品，包括：豆干、豆皮、豆腐、豆花、豆漿、黃豆芽、蘭花干、素雞、素肉、味噌、毛豆、納豆、素火腿、黑豆、黑豆漿、豆豉等等。

4. 魚類。

5. 上火食物，諸如：高溫油炸、高溫燒烤、碳烤、高溫快炒、爆炒方式烹調的食物。另外：沙茶、咖哩、紅蔥頭、紅蔥酥、麻油、薑母鴨、麻油雞、羊肉爐、藥燉排骨等。堅果類的有：芝麻、花生、杏仁、核桃、開心果、南瓜子、葵瓜子、蠶豆、腰果、松子、夏威夷果仁、米漿（含花生）等。水果類的則有：荔枝、龍眼、榴槤、櫻桃等。飲料類則有：咖啡、市售黑糖薑母茶等。

6. 寒性食物，包括：白菜、地瓜葉、豆苗、黃瓜、苦瓜、絲瓜、冬瓜，芥菜、白蘿蔔、生菜沙拉、生魚片、冰品等等，下午四點後不要吃葉菜類和水果。

7. 其他：竹筍類、山藥、蜂王乳、月見草油、大豆異黃酮等。

特別提醒：癌病患者優質蛋白質最好在早、午兩餐來攝取，晚餐最好在6點前吃完，早睡早起，保持放鬆的情緒。

至於長黑斑和臉色發黃也都跟上肝火有關，要確實忌口上火食物，並且不熬夜，做好情緒管理，那麼就會慢慢得到改善。

討好

案例1 涂菲芹／女、38歲　職業／公關

我媽是個很完美主義的人，而且她未必要求自己完美，但絕對要求身邊的人完美。

我非常愛我的母親，卻跟她很無法相處。從小她就不斷挑剔我的不完美，每當我在學校考了好成績，她的態度總是很冷淡，反而找我出錯的題目問我為什麼會錯？為什麼要粗心？更別說我萬一考差了，她就會說我是沒有遺傳到她的基因，說我就是書讀不好，笨。

等我學校畢業，找到化妝品牌的公關工作，因為是個大品牌，我很興奮的跟她說，她仍然很冷淡的回我：「某某阿姨的小孩，現在在銀行當副理，一個月賺十幾萬呢。」連我穿衣服，她也會挑剔：「妳的腿怎麼不好看呢，某某阿姨女兒的腿又直又長，骨架子窄窄的，妳怎麼骨架子這麼粗？一點都不秀氣。」

為了這句話，我開始減肥，好不容易瘦了五公斤，我故意穿窄裙，希望得到媽媽的讚美，但她還是說：「妳的腿真的不好看耶，奇怪，到底是遺傳誰？」

每次被她氣到想我再也不要在乎我媽說什麼了，但她的每一句話就是像有魔法一樣，會從耳朵鑽進我的腦袋…再穿過我的喉嚨到達心臟，怎麼樣也揮之不去。

好不容易我升成亞洲區公關經理，我抱著莫大的信心跟我媽吃飯的時候告訴她這個好消息，她聽完沉默了一下，然後問：「妳現在都幾歲了？這個行業能賺得了多少錢？」被她一大冰桶的冰塊澆下，我忍無可忍憤而離席，丟下我媽一個人在餐廳。

沿路我一邊開車一邊哭，從小我一心希望能討好我媽，但不論多努力都無法討好她，有一次我存了好久的錢，買了一個二十五分的鑽戒送她，她打開盒子一瞧，立刻說：「妳知道那個某某阿姨的女兒，今年生日她女兒送她一顆祖母綠的鑽戒，我們這個年紀，寶石不夠大是戴不出門的，妳這顆留著自己戴吧。」

這麼多年了，這樣的事情不斷發生，我有時候是氣自己，為什麼明明知道討好不了她，卻不死心的老要自己送上門讓她羞辱？為什麼我沒有拿她跟我這個朋友、那個朋友的媽媽比較，她卻總拿我跟這個阿姨、那個阿姨的女兒比較？

我一邊哭一邊將我與母親之間的新仇舊恨溫習了一遍，我漸漸明白為什麼我在愛情裡也不斷要自己成為那個對方想要的樣子，我也是想要討好那些男朋友們，希望得到他們的肯定。

有一任男友喜歡穿著有個性的女孩子，那陣子我買了一大堆牛仔褲，因為我母親的關係，從小除了上學，我幾乎沒穿過長褲，一律都穿裙子，因為我媽說女孩子就要有女孩子的樣子，為了那個男朋友，我還剪了短頭髮，每次約會就穿牛仔褲、白襯衫、球鞋，因為他說女生穿那樣最性感，結果交往了兩年多分手後，他卻娶了一個女強人，穿著總是緊身裙加爆乳上衣，我簡直氣得要瘋掉，為什麼我討好不了任何人。

在工作上我也不斷的討好上司，上司要我加班我就加班，上司希望我英文可以更好，我就上班到晚上八點，還請一對一的英文老師補習英文，每天掛著黑眼圈上班，忍受著肩頸痠痛和背一直疼痛，我努力尋求從別人那裡得到我從母親身上得不到的肯定。

但是我覺得好累，為什麼沒有人願意接受我就是我，英文就是：take me as what I am.

邱老師分析

如果排除了食物對身體疼痛的影響外，有時疼痛是一種藉由身體來傳達的訊息，讓我們瞭解，目前生命裡，某些能量被卡住了，愛的能量不流動了，我們被某種情緒困住，動彈不得。這個時候，如果能把困住我們的情緒找出來，加以面對和調解，有可能這些疼痛就不藥而癒了！

身體持續出現單邊的肩頸僵硬痠痛，要先排除舊傷反應，長期過度使用疼痛邊的對應方，如疼痛出現在左邊，那有可能是長期過度使用右邊，造成肌肉過度疲勞、身體受力不均衡，因此從肌肉的反射區左邊出現症狀。而壓抑自己內在的感受，長期以理智來判斷行事，也會出現左邊肩頸僵硬痠痛的情況。以上的狀況都排除後，還有一種可能性，左為陰，右為陽，左邊的肩頸僵硬痠痛有可能跟女性的長輩或家人愛的能量不流動有關，菲芹的情況就可能是屬於這一種。

當我們幼小的時候都有一種期望，期望中的父母是完美的、全能的，是保護我們、照顧我們、支持我們的神。但事實往往父母是我們生命創傷的源頭。

父母有他們從原生家庭承襲而來的行為模式，創傷、挫折及他們本身的個性、心智成熟度，這些都影響了他們教養以及對待子女的方式。父母的教養方式，形成孩子的自我評價，而孩子對自己的觀感，則會影響他往後生命中對待自己和外界的態度。

如果我們從幼小時，不斷地被貶抑地對待，成長後很容易自我價值感低落，永遠覺得自己不夠好，只好從外界去尋求肯定，很多人會不斷壓抑自己真正的感受，轉而努力尋求社會價值的肯定，或取悅他人，過度的付出來尋求別人的認同。

菲芹的母親會不斷地拿她來和別人的子女做比較，繼而貶損她，有一種可能是**東方的父母常會覺得誇讚小孩容易使他們變得驕傲，挫折容忍度也會跟著**

降低，所以很容易出現在小孩面前貶抑他們不夠好，應該更努力，轉過身卻跟別人誇耀自己的小孩有多棒的這種矛盾行為。

他們從不知道這是一種有毒的負面表達愛的方式，她們一廂情願的認為這會讓我的孩子變得更強，因為當初他們的父母就是用這樣的模式來教養。

另一種可能是菲芹的母親把自己生命的挫折，轉變成要求子女成為她想要成為的人，完成她未竟的夢想來補償，希望用孩子的成就來滿足她受挫的自尊。不管哪一種可能，都是不正確的，在小時候，我們面對這樣的對待只能忍耐，但**當我們長大了，父母這種行為模式，讓我們覺得受傷的時候就該覺醒，而不是繼續讓這種行為模式控制我們的喜、怒、哀、樂。**

學習去面對我們的父母不全都是對的，他們也有缺點，他們也有不夠成熟的心智，他們對我們的評價不一定全然正確，但是不要否認，他們只是盡力用他們認為對的方式來對待我們，這背後的動機是愛。當我們可以捨棄父母對我們的不正確評價，我們就可以開始學習如何善待自己，當然一切的善待，還是從身體開始，是最容易的。身體舒暢了，看待事情的角度也就不同了。

希望菲芹可以擺脫母親這個背後靈，讓她只是一個單純的母親而不再是菲芹人生的控制者。

最後要提醒菲芹的是，排除食物的影響和壓力因素以外，高跟鞋也可能是她背痛的原因，要注意盡量減少穿高跟鞋的時間和減低鞋子的高度喔！

邱老師飲食建議

涂菲芹症狀：肩頸僵硬痠痛、背痛

針對疼痛，食物的影響往往是隱形的元凶。如果還在持續吃這些可能造成疼痛，或讓已經產生的疼痛更不容易痊癒的食物。那就可能讓妳成為名醫殺手，不管再有名的醫生到妳手中也會成為庸醫一名，治不了妳的痛喔！

所以請嚴格忌口以下食物：

1. 上火食物，包括：高溫油炸、高溫燒烤、碳烤、高溫快炒、爆炒方式烹調的食物。另外：沙茶、咖哩、紅蔥頭、紅蔥酥、麻油、薑母鴨、麻油雞、羊肉爐、藥燉排骨等。堅果類的有：芝麻、花生、杏仁、核桃、開心果、南瓜子、葵瓜子、蠶豆、腰果、松子、夏威夷果仁、米漿（含花生）等。水果類的則有：荔枝、龍眼、榴槤、櫻桃等。飲料類則有：咖啡、市售黑糖薑母茶等。

2. 寒性食物，包括：白菜、地瓜葉、豆苗、黃瓜、苦瓜、絲瓜、冬瓜，芥菜、白蘿蔔、生菜沙拉、生魚片、冰品等等，下午四點後不要吃葉菜類和水果。

3. 影響神經的食物，包括：鮭魚、糯米製品（包括油飯、湯圓、麻糬、酒釀、粽子等等）、竹筍（包括筍絲、筍干）、大白菜、小白菜、大黃瓜、小黃瓜、苦瓜、絲瓜、瓠瓜、冬瓜、芥菜、雪裡紅、白蘿蔔；鳳梨、芒果、龍眼、荔枝、水蜜桃、哈密瓜、香瓜；巧克力、咖啡、濃茶、可樂、瓜拿納茶等。

另外，也要注意攝取含鈣食物（有：綠豆、油菜、空心菜、高麗菜、紫色莧菜、木耳、乾香菇、杏仁、紅棗、蓮子、榛果、蛤蜊；而海帶和紫菜也含有鈣質，但是甲狀腺有問題的人不能吃）的補充及適量補充檸檬酸鈣片。（適量的鈣可以安定神經，對於像抽痛、刺痛這種神經痛，能幫助緩解。）

矛盾

案例1 謝亞南／女、43歲　職業／金融

身高169、體重50，長得像林志玲，當然我說的是十年前的我，但現在我也沒有變形太多，只有稍微浮現的眼袋和微微凸出的小腹，但真的也不是很明顯，只要衣著得當，看起來和十年前沒有太大差別。

像我這樣的女人，要抗拒自動對我表示好感的男人，是有點強人所難。

我父親在我念小學五年級的時候就因為外遇而丟下我跟我母親，我母親是一個小學老師，我跟她感情十分親密，因此她的痛苦、傷心，以及為了照顧我的辛苦，我通通看在眼裡。所以我恨父親，他是一個不負責任的男人，丟下糟糠之妻和女兒，獨自去跟年輕的女人談戀愛、結婚，是個自私的男人。每當母親送我到學校後轉身離開，看著她日漸消瘦的身影，每看一次，我就恨我父親更多一點。

當我高中開始談戀愛時，我就告訴自己，絕對不要當被男人欺負的女人，我不要跟我母親一樣是個弱者，我要當愛情中的強者，我這麼告訴自己。然後年輕時的幾段戀愛，都在我只要發現對方身上有任何劈腿的蛛絲馬跡，就立刻跟對方分手。

念大學我開始打工自己賺學費，那些年，我都謹守自己的原則，雖然我發現自己開始像父親一樣注重外表，他是個不論何時都打扮得很型男的人，我似乎遺傳了他某些性格，我告訴自己：「我只是覺得注重外表示尊重自己和別人而已，我絕對不會像他一樣花心、不負責任的。」

但是出社會開始工作之後，我發現他的 DNA 在我身上不斷產生影響，我從談戀愛劈腿，到劈腿被抓，我是多麼的痛恨自己，為什麼我就是要變成和我痛恨的父親一樣的人！因為恨自己，我更加恨父親了。

後來我結婚了，我的先生是一個公務員，很殷實、單純的男人，我為他生了兩個孩子，在這中間卻沒有停止外遇過。

最近讓我很煩惱的是，我的男朋友才二十七歲，他主動接近我，並且告訴我他不在乎我是有夫之婦，他就是愛我。偷偷跟他交往了半年，我發現他越來越黏我，常常不管我是不是在家，三更半夜也打電話來，工作也不好好做，一天到晚翹班來找我，因此我試圖跟他分手，不論我好說歹說他都不願意，他說除非是殺了他，不然我怎麼樣也不要想甩掉他。

我問自己，我究竟做了什麼？我還是個人嗎？這個才二十七歲的男孩子人生被我毀了，我的先生跟我結婚六年來，沒有做錯過什麼事，對我溫柔體貼，並且包容著我，要是他知道我外遇會多傷心？我的兩個孩子如果知道媽媽這樣，會像我恨我父親一樣恨我嗎？我簡直比我父親還要禽獸啊！

帶著這種罪惡感，我的生活跟在地獄裡一樣，我最近經期的時候大量出血，照著鏡子只覺得自己面黃肌瘦，憔悴不堪，每天不論怎麼睡，都睡不飽，爬不起床，再這樣下去，我真的要崩潰了！

邱老師分析

在這個世界上，我們都各自帶著傷疤活著，很多都是從原生家庭帶出的創傷形成我們生命中的印痕，如果不去面對它、承認它，去尋求療癒，最終它會影響我們面對生命的態度，陰魂不散的影響我們的每一個選擇與決定。

亞南從小看著父親在婚姻中不斷外遇，母親總是委屈傷心流淚，人都會本能的同情弱者，幼小時不具判斷力的亞南很輕易地同情弱勢的母親，立志長大後不要成為像母親一樣的被害者，她的心理防衛機制使得在面對兩性關係時總是敏感又尖銳。

在與男朋友相處的過程裡，她的強勢掌控慾反而會讓男友受不了，而當關係出現停滯時，只要發現男友與其他女性有互動，她未審先判直接獨斷對方劈腿，就立刻走人，因為厭惡母親的弱勢和被害者角色，而過度反抗這種宿命角色的結果，她成為兩性關係中強勢的加害者。除了傷害對方之外，也同時在自己的生命中又新製造一道傷痕。

如果亞南**還不自覺行為上的偏差，加以調整，也許這輩子她都只能哀怨的唱著〈下一個男人會更好〉，在自己創作的劇本裡演著遇不到好男人的怨女角色。**

很多在年幼時我們認定讓我們受到創傷的事，其實當我們心智成熟之後再回頭去看，往往可以看到更多當初我們沒有能力看到的細節，而這些新發現有可能可以扭轉我們對這個創傷的反應和感受。

舉例來說，我的一個朋友曾經跟我討論過，小的時候她母親常常對她不耐煩，幼小的她有時想跟媽媽說學校發生的事情，她母親卻會不耐煩的打斷她，並且說：「別煩我，走開！」因此她在童年裡漸漸學會對母親冷淡，因為只有對母親冷漠，才不會遭來母親對她的不耐煩讓她感到受傷。但是我們在三十五歲的時候聊起這些事情，我朋友說，長大後她回想這些與母親的事情，她發現，原來母親那時候是職業婦女，常常趕著回家做飯，做飯的時候又往往有工作上的事情打電話來找母親，她說：「我總是挑她做飯的時候找她講話，她當然會不耐煩，換做我在她的處境裡，我一定也超級不耐煩的啊！而且想想我媽媽真的很盡責，不論再忙都堅持要自己做飯給我們吃，我現在自己完全做不到我母親那樣，我的孩子都只能當外食兒童。」所以我這位朋友就是一個最好的例子，經過年紀的變化，用足夠智慧的眼光去看父母當年的處境，也許就能夠豁然開朗。

以亞南父母不和的婚姻來說，如果能以客觀第三者的角度來看，她可以找到父親不斷外遇的原因，是雙方個性不合？經過時間推移，雙方心智距離越來越遠？也許父母之間曾有過無法修補的裂痕？做為子女其實不需要選邊站，**父母的婚姻問題其來有自，很少是單方面的過錯，跳脫仲裁者的角色，才能看到更多真相**，當被害者，不再那麼值得同情、加害者不再那麼可惡的時候，亞南心中的枷鎖也就能夠慢慢打開，不再把關係中的另一半當成父親那樣提防他劈腿，也能更柔軟展現自己美好的一面，經營出人生美好的未來。

邱老師飲食建議

謝亞南症狀：子宮肌瘤、經期大量出血、面黃肌瘦，早上睡到爬不起來

所有婦科腫瘤，包括乳房纖維瘤、卵巢囊腫、子宮肌瘤、子宮肌腺症，在日常生活中都要特別忌口：

1. 蛋類製品。包括：雞蛋、鵪鶉蛋、鴨蛋、皮蛋、鹹蛋、鐵蛋、蛋糕、蛋捲、蛋餅、泡芙、布丁、茶碗蒸、美奶滋、銅鑼燒、牛軋糖、蛋黃酥、蛋蜜汁、鳳梨酥外皮、含蛋的餅乾麵包、馬卡龍等西點類，撈麵、黃色拉麵、義大利千層麵等。
2. 奶類製品。包括：調味乳、優酪乳相關產品、起司、冰淇淋、煉乳、高蛋白牛奶製品、乳清蛋白等。
3. 黃豆製品。包括，豆干、豆皮、豆腐、豆花、豆漿、黃豆芽、蘭花干、素雞、素肉、味噌、毛豆、納豆、素火腿、黑豆、黑豆漿、豆豉等。
4. 竹筍類製品。包括：筍絲、筍干等。
5. 魚類。
6. 寒性食物。白菜、地瓜葉、豆苗、黃瓜、苦瓜、絲瓜、冬瓜，芥菜、白蘿蔔、生菜沙拉、生魚片、冰品等等，下午四點後不要吃葉菜類和水果。
7. 上火食物。諸如：高溫油炸、高溫燒烤、碳烤、高溫快炒、爆炒方式烹調的食物。另外：沙茶、咖哩、紅蔥頭、紅蔥酥、麻油、薑母鴨、麻油雞、羊肉爐、藥燉排骨等。堅果類的有：芝麻、花生、杏仁、核桃、開心果、南瓜子、葵瓜子、蠶豆……吃起來會酥脆會香，用高溫烘焙的堅果類等。水果類的則有：荔枝、龍眼、榴槤、櫻桃等。飲料類則有：咖啡、市售黑糖薑母茶等。

如果不忌口以上食物，婦科腫瘤會有較高變大或惡化的風險。**子宮肌瘤或子宮肌腺症如果經血量正常，通常不太建議開刀，就是採用忌口婦科腫瘤的食物和不熬夜，保持情緒平穩等保守性療法，與腫瘤和平共處，並確實每半年到一年追蹤一次，確認腫瘤的狀況**。

如果已經有經期大量出血、常常覺得疲倦、頭暈目眩、早上睡到爬不起來、血紅素下降等明顯虛弱的情況，則會建議開刀去除子宮肌瘤或肌腺瘤，但除非特別狀況，否則不建議摘除子宮手術。

長期經血量大的人，在日常生活中要盡量讓身體的造血功能維持正常運作，所以**請忌口五穀雜糧，因為穀物中的植酸和草酸含量高，會妨礙鐵質的吸收。人體造血需要三元素：維生素C、B群、鐵質**。

擇食早餐吃兩種水果各半碗、午餐兩種菜煮好一碗、晚餐一種菜煮好半碗，這些食物都含有維生素C。三餐都需要攝取優質蛋白的羊肉或豬肉中含有B群和鐵，三元素完整，身體自然能夠有好的造血功能。

坊間一般流行經期吃麻油雞或四物雞的做法，我並不敢苟同。麻油雞高溫壓製，再加上老薑不去皮高溫油炸爆香，吃了容易讓身體上火，有些人反而容易經血淤塞以至於量突然變少；有些人則因為老薑活血，導致經血暴增，不同體質會出現不同症狀。四物有活血化瘀的功效，經血量大的人要特別注意經期時不吃，以免大量失血。

逃避

案例1 方記童／男、28歲、單身　職業／傳銷

家暴，對我而言不是只在社會新聞上看到的名詞，它是烙印在我身上的印記，卻不曾在我腦海留下任何的記憶。

會知道我小時候被爸爸粗暴的狂揍過，是我姊姊不斷講給我聽的。每次姊姊跟我碰面，會摸著我手臂上的疤痕掉眼淚，然後一邊告訴我小時候爸爸怎麼打我們，她說我手臂上的疤痕是被爸爸抓起狗狗的鐵鍊打到皮開肉綻，姊姊說當時她躲在床底下，不敢出來救我，因此她雖然國中畢業後就離家出走，但總是偷偷約我在外頭見面，關心我過得好不好。直到爸媽離婚，她才搬回家，但高中畢業後，她就上台北工作，自力更生，沒再回家過。

在我的記憶裡，只記得小時候我很怕爸爸，但對於爸爸怎麼打我的事情，我卻都不記得。在我小學三年級後，爸媽就離婚了。我跟著外婆長大，外婆

對我很好，所以我的童年記憶裡都是外婆，爸爸和媽媽我沒有太深刻的記憶。如果不是姊姊跟我說這些，我想我根本不會知道我是「家暴」中長大的小孩。

姊姊總是說我脾氣太好，個性太軟弱。也許是吧，一個人到底要如何了解自己？我對自己的了解多半是來自同事或同學口中對我的評語，凡是跟我相處過的人，都會說我是EQ很高的人，從來不跟別人起衝突，對，我很害怕衝突，所以有靈敏的嗅覺，只要嗅出對方身上有火藥味，我很懂得怎麼閃躲，任何人對我生氣，我也很懂得怎麼安撫他們。

不論發生什麼事情，我總會跟自己說：「其實這也沒什麼大不了的，我根本就不在乎。」催眠自己很有用，最後我真的都可以不在乎。

姊姊問我有沒有常常回去看媽媽，我說過年的時候會呀，姊姊就會開始訴說她對媽媽的怨恨，怨恨媽媽當年不保護我們之類的，漸漸我也覺得跟姊姊見面很有負擔。

媽媽問過我有沒有姊姊的消息，我照實說了，媽又問那當年姊姊國中離家出走到底住在哪裡？我說不知道，我沒問過姊姊，媽媽就唸我怎麼好像事不關己的樣子。

我心裡覺得很奇怪，我事不關己，她對自己的女兒又有多關心？她為什麼不自己去問女兒？而且她甚至在姊姊當年離家出走時也好像沒有找過姊姊，現在姊姊自力更生，她也沒有去找姊姊，這是做媽媽的樣子嗎？

但我什麼也沒說，就讓她唸吧，反正我也不在乎。

工作上，我倒是沒有什麼太大的問題，我前面說過，我是個很能夠懂得怎麼生存的人，儘管我常常看到很多同事的態度讓我很不認同，偷懶的、邀功的、無能的……我通通看在眼裡，但是我不在乎。

其實我只有一點點健康上的問題想要問邱老師，是因為老師要我把大概的人生過程講一下，我才講的，雖然我也不太懂為什麼需要我講這些。我健康上的問題就是手腳冰冷，而且有的時候會胃口很差，所以我一直很瘦，最近又覺得吃不下東西，我有點擔心自己繼續瘦下去，所以想請教邱老師該怎麼調養。謝謝。

邱老師分析

當我們被虐待時，我們會用自我防衛來保護自己。例如：壓抑自己的感覺、否認問題的存在、轉移憤怒到其他事物或朋友身上，幻想被愛、理想化或假裝不在乎，讓自己麻木冷漠，不再有任何感覺。（源自《家庭會傷人》書中的 **P.13**，張老師出版社出版。）

記童在年幼受到虐待，他的自我保護機制選擇了遺忘，但被虐待的創傷卻被壓抑內化，造成了他人際關係的疏離，活在自己的世界裡，也很容易在身體上出現飲食失調的情況。

有些人會出現暴食的傾向，而記童則是另一種截然相反的反應—食慾不振。**吃，是這個世界上最容易滿足的慾望，記童卻連吃的慾望都沒有了，這也是一種內在壓抑創傷後反應，希望自己變得很渺小，不要被看見，就不會成為被攻擊的目標**。

如果一直這樣像全身包著一層透明塑膠膜地活著，就永遠感受不到別人善意和愛意的溫暖美好。**我們心中的防衛機制會緊守著我們的傷痛和內在那寂寞受傷的小孩，唯有誠實面對自己的問題，承認自己需要幫助，那療癒的契機才會到來**，想要瞭解更多如何幫助自己從家庭創傷中走出的方法，邱老師推薦由張老師出版社所出版的《家庭會傷人》這本書，先學習了解自己內在的問題，才能正確的選擇專業的幫助喔！

祝福記童可以在調理身體的同時，藉由均衡飲食找回健康，也能得到打開內心禁錮他與這個世界交流的勇氣，只要願意誠實地面對自己的創傷，康復永遠在不遠的前方等待你。

邱老師飲食建議

方記童症狀：手腳冰冷、沒有食慾、體重過輕、容易感冒、感冒很久不會好

日常生活中，如果長期吃的都是寒性食物（如：白菜、地瓜葉、豆苗、黃瓜、苦瓜、冬瓜，芥菜、白蘿蔔等等）、生食（包括：生菜沙拉、生魚片等等）以及冰品；蛋白質又常攝取不足或不對，很容易寒熱失調轉成寒性體質。一般寒性體質常有的症狀是手腳冰冷、頻尿、容易腹瀉或排便不成形。頻尿，女性的話還會容易伴隨分泌物較多，婦科容易發炎、經痛等狀況。

體質變寒，新陳代謝下降，身體無法快速地得到營養，內臟機能變弱，消化變慢，就會容易沒有胃口。內臟功能變弱，免疫系統跟著變差，就會很容易感冒或鼻子過敏，噴嚏打不停了。

建議記童忌口容易讓體質變寒、手腳冰冷的寒性食物、生食、冰品、容易引起鼻子過敏的蔥、柑橘類水果（橘子、柳丁、香吉士、檸檬、金桔、葡萄柚、柚子）、四季豆，還有忌口蛋類食物和含食品添加物的零食，這些也有可能是造成他食慾不振、體重過輕的原因喔！

至於寒性體質如何調整呢？請參考擇食三餐吃法以及薑汁作法。

感冒一般可分為三種：

1. 風寒型感冒

成因：身體流汗，吹風受寒或著涼引起

症狀：打噴嚏、流鼻水、昏沉、咳嗽

對應方法：擇食早餐的薑汁三大匙 +500cc 熱開水 + 一匙二砂糖，稀釋後當水喝，一天可以喝兩杯。泡澡或泡腳把寒氣逼出，注意流汗後不要吹到風，注意保暖。

2. 病毒型感冒

成因：感冒病毒一年至少會變種兩次，當身體對變種病毒沒有抗體時，只要接觸就容易被傳染感冒了。

症狀：眼睛癢、打噴嚏、流鼻水、咳嗽、肌肉痠痛、筋骨疼痛、發燒虛弱

對應方法：病毒不是細菌，沒有生命的病毒是殺不死的，只能靠身體產生抗體來對抗病毒，所以爭取時間休息非常重要，另外，多泡澡或泡腳讓體溫升高。病毒的活性降低，如有發燒，切忌冰敷，可泡熱水，讓毛細孔張開散熱，身體要產生抗體，營養支持非常重要，可以喝擇食休養雞湯，正常清淡飲食。咳嗽沒有濃痰時，薑汁可以照喝。

3. 腸胃型感冒

也是病毒型感冒的一種。

症狀：通常會出現肚子絞痛、拉肚子，有時伴隨嘔吐之後開始出現咳嗽、肌肉痠痛、發燒等感冒狀況。

對應方法：白米煮粥，喝煮出來的米湯，可幫助止吐止瀉，吐瀉停止後，第一天吃白粥配點醬油煮昆布（煮到軟爛），第二天吃白米飯配水煮蔬菜（非葉菜類）、燙肉片，連吃兩天，再開始清淡飲食，特別注意水份的補充，連續拉肚子時，可以喝運動飲料＋溫熱開水１：１，當水喝，多休息。

案例2　易嘉淇／女、31歲　職業／HR

我媽媽42歲才生我，父母都已經七十多歲了。小的時候不覺得，現在我卻開始很害怕回家。

每天工作其實上下班時間很正常，我卻總喜歡在辦公室能拖多晚就多晚，這樣我才不用回家去面對兩位老人。

我知道這樣說很不孝，我只是很誠實的說出我的感覺。爸母因為好不容易才有了我，其實從小就很寵我，尤其我又是唯一的小孩，自然是要什麼他們都會盡量滿足我。所以我並不是不愛他們，而是每天在家不是聽爸爸哀聲嘆氣說自己老了不中用，就是聽媽媽說這裡不舒服那裡不舒服，讓我怎麼樣心情都很沉重。

自從爸爸退休以後，不只是父母各自抱怨身體不舒服，兩位老人家還變得很愛吵架，我媽說她是年輕的時候受夠了，現在自己也活不了多久，不想再忍耐；我爸也說他受夠了我媽的霸道，所以家裡的氣氛真的很不好，有的時候我明明上班和同事說說笑笑心情挺好的，一回到家就聽他們吵架，剛開始我還會一直當和事佬，日子久了，我也覺得很厭倦，所以我開始逃避回家。

一方面我不願意回家，但真的在外面耗時間，又心裡覺得很罪惡，覺得自己真不是個孝順的女兒。

我有一個交往兩年多的男朋友，他的工作非常忙碌，所以能陪我的時間也好少，我最近開始希望可以結婚，這樣我可以名正言順的搬出去，不用再跟兩個老人家一起生活，我還是會照顧他們，只求不要天天相處，心目中理想的狀況是一個星期回去看他們幾次，我朋友說，嫁出去的話，回娘家父母就一定會很珍惜，就不會在我面前抱怨這個抱怨那個，所以我開始逼我男友結婚。

我男友說要結婚可以，但是得跟他的父母一起住。我怎麼想都不划算，他父母雖然比我父母年輕，但我還不是得伺候他們。結婚談不成，我就跟男友分手了。

其實我真的很愛我男朋友，所以我又回頭去找他，跟他說我們不要結婚，但談戀愛可以，總之我是不會嫁給需要跟公婆住的人，問他接不接受，他也說大家年紀還輕，根本不用急著結婚，就先談戀愛吧。

朋友都說這種沒有未來的戀愛談了只是浪費青春，我也知道啊，但是跟他分手的那段時間我很痛苦，我不想要那麼痛苦，只好再回頭找他，至於將來，我想不了那麼多，等將來到了再說吧。

為了男友工作忙碌的原因，我開始常常去他家住，他父母似乎很看不慣未過門的女生住在那裏，但也懶得管我們，只是給我看看白眼，我就裝作沒看到。

我父母年紀大了，也管不動我，我總是編各種理由跟他們說要去出差之類的，他們也搞不清楚，我因此找到了不用回家住的好方法。

我朋友說我都逃避問題，想想，不逃避又能怎麼樣，我可能是遺傳我媽，我記得我十幾歲的時候，我發現爸爸有外遇，我偷偷告訴我媽，我媽卻連聽都沒聽見似的，等到我爸老的也外遇不了了，他們最後還不是得到一個白頭偕老的結果，所以逃避又有什麼不好？就算現在他們兩一天到晚吵架，但至少他們還是有彼此，不是嗎？

最近我常常有莫名的心理慌慌的感覺，一慌起來就什麼都不能做，工作上因此常常出錯，我男友也抱怨常常跟我說話時，我的魂都不在。睡在他家我總是失眠，胸口像是有塊石頭堵住，明明不餓，卻總是想吃東西。我不知道是生了什麼病，去醫院檢查，醫生說我胃食道逆流，也檢查不出什麼大問題。而且我的皮膚也常常脫皮、紅癢，還頭皮屑很多，煩死我了，究竟是身體出了什麼問題呀？

邱老師分析

嘉淇因為想討厭家庭中不愉快的氣氛而逃避回家；因為討厭婚後和公婆住在一起而逃避婚姻。未婚同居在男友家中，要逃避對方家長的白眼，而總是窩在男友房間看電視、吃零食……。

她很不解自己明明不餓卻總是想吃東西是什麼原因？其實這就是因為她逃避所有生活中的不滿，也逃避思考未來，只有藉著食物來填補內心的空虛，因為吃東西是世界上最容易滿足的慾望，這正是很多現代人共通的問題。

大部分的「逃避心態」，是沒有自信能夠解決問題，不管是與人發生矛盾或衝突的時候，這種缺乏自信的心理，會讓人下意識選擇迴避，不願意面對和承擔，畢竟轉身逃跑，是最容易的。

假設我們把人分成「溫拿（Winner）」和「魯蛇（Loser）」兩種，會發現溫拿通常具有一種特質，就是自信，對所有的事情都有承擔和面對的勇氣；而魯蛇的特質，就是沒有自信，逃避面對問題，更沒有承擔的勇氣。同時，溫拿還會有意志力強大的特質，魯蛇們則意志力薄弱。

意志力是可以經由練習而培養的，我們可以藉由兩種方法來加強自己的意志力：

1. **認真攝取優質蛋白和澱粉**。讓心臟變有力，精神飽滿，充滿能量，自然就有面對問題的力量。
2. **一個人恐懼的是越少**，自信就越強。不妨每年挑一件自己害怕的事情去克服它，等到你克服了，就會同時增加內心的自信。比如說：怕水的人，找教練學游泳，教練會幫助你克服對水的恐懼，當你學會了游泳，對自己的能力就會有了信心。

3. **忌口的決心**。當你一次又一次的做到拒絕讓自己身體不舒服的食物後，意志力不就建立起來了嗎？

我鼓勵嘉淇相信自己，妳絕對有能力去化解父母的不合，也絕對有能力去思考現在的戀情到底是不是適合妳，所有的能力都是需要不斷去做、去學習，才能夠培養出來的，越不用就越沒有用，所以將來就算跟公婆住，也要相信自己有能力去跟他們相處。所有我們不肯面對而轉身逃跑的問題，會像幽魂一樣在我們身後追著我們，現在不面對，這個幽魂會被越養越大，最後還是要付出代價的，邱老師可是活生生的過來人喔，所以我相信妳一定做得到。

邱老師飲食建議

易嘉淇症狀：脂漏性皮膚炎、臉上長紅斑、皮膚脫屑、頭皮異常出油、狂掉頭皮屑

脂漏性皮膚炎一般被皮膚科醫生認為是很難纏的皮膚問題，因為它總是反覆發作，很難根治。我碰過一個案例，她說看皮膚科都已經看到快變成

VVIP了，卻總在以為治療有效，皮膚狀況有好轉的時候，卻沒多久又死灰復燃，再度發作，究竟為什麼呢？答案……哈哈，沒錯，不是我要「又來了」，吃不對食物對我們健康的影響，真的是超乎想像啊。

脂漏性皮膚炎的人，一定要忌口以下的食物：

1. 蛋類製品。包括，雞蛋、鵪鶉蛋、鴨蛋、皮蛋、鹹蛋、鐵蛋、蛋糕、蛋捲、蛋餅、泡芙、布丁、茶碗蒸、美奶滋、銅鑼燒、牛軋糖、蛋黃酥、蛋蜜汁、鳳梨酥外皮、含蛋的餅乾麵包、馬卡龍等西點類，撈麵、黃色拉麵、義大利千層麵等。
2. 奶類製品。包括：調味乳、優酪乳相關產品、起司、冰淇淋、煉乳、高蛋白牛奶製品、乳清蛋白等。
3. 上火的食物。諸如：高溫油炸、高溫燒烤、碳烤、高溫快炒、爆炒方式烹調的食物。另外：沙茶、咖哩、紅蔥頭、紅蔥酥、麻油、薑母鴨、麻油雞、羊肉爐、藥燉排骨等。堅果類的有：芝麻、花生、杏仁、核桃、開心果、南瓜子、葵瓜子、蠶豆、腰果、松子、夏威夷果仁、米漿（含花生）等。水果類的則有：荔枝、龍眼、榴槤、櫻桃等。飲料類則有：咖啡、市售黑糖薑母茶等。

4. 寒性食物。包括：白菜、地瓜葉、豆苗、黃瓜、苦瓜、絲瓜、冬瓜，芥菜、白蘿蔔、生菜沙拉、生魚片、冰品等等，下午4點後不要吃葉菜類和水果。
5. 反式脂肪。
6. 用回鍋油製作的食物。如：薯條、鹽酥雞、油條、炸雞等。
7. 刺激性的食物、煙、酒等、禁止熬夜。這些都有可能引發脂漏性皮膚炎或刺激它讓狀況更嚴重。

胃食道逆流的成因有很多，對應的方法如下：

1. 忌口上肝火的食物。
2. 不熬夜，忌煙、酒，保持情緒平穩。
3. 忌口容易刺激胃發炎的食物。包括：黃豆製品、奶類製品、糯米製品、五穀雜糧、竹筍類製品、甜食及發酵類（蛋糕、麵包、餅乾、西點、包子、饅頭等）。
4. 飯後一小時內不要喝湯、喝水，避免沖淡胃酸，反而製造更多胃酸。
5. 剛吃完飯不要趴著或躺著，以免導致胃酸逆流。

Chapter5

想要與你一起走在養生的路上

諮商多年，剛開始只是把自己實驗多年的養生方法，分享給有需要的朋友，然後我很快發現，如果只是單純的調養身體，那些案列很容易出現起伏反轉的狀況，明明這次見面已經大幅好轉，下次碰面時又慘兮兮地舊疾復萌。

深入的去追究原因，才發現原來跟情緒劇烈的起伏有關，所以我在諮商中加入了情緒的對身體影響的觀察和思考，在給予建議時，我以情緒分析和食物雙管齊下的調整，果然對於諮商者有很大的幫助，反覆反轉的狀況也越來越少。

我不是神、也不是聖人，所有人會經歷的痛苦、傷害、茫然，或各種讓自己不舒服的情緒，我通通都有。正因為如此，多年來我努力瞭解自己的內在，努力鑽研各種與健康相關的知識，努力拿自己來當白老鼠做實驗才換來這些心得，讓我很幸運地能夠給予別人幫助。

我深深知道，心理對健康的影響。很多時候，那些人生過程中曾經受過的心靈傷害，一直未曾痊癒，但有太多人只是深深隱藏，隱藏到連自己都遺忘。

如果今天你被刀子深深的切到自己的肉，血流如注，你一定會去找醫生治療，因為我們大概都還有基本的常識，知道這樣深的傷口需要經過消毒、擦藥、縫針、包紮等過程，然後等換藥、拆線、繼續擦藥等等之後，才會痊癒，也許會有疤痕，疤痕隨著時間淡化，就算還看得到，也不會再疼，也不讓你繼續痛苦，傷口這才算好了。

若是這個傷口不去照顧，任由它發炎、紅腫、化膿……，這個傷口只會日漸潰爛，若是一直拖延治療它的時間，嚴重的時候肌肉組織壞死，或是感染蜂窩性組織炎，最後還可能要截肢。

那麼心靈上的傷口也是這樣的，它有可能會讓一個人產生種種身體無法承受的情緒，如果不去面對，這些情緒或者是感覺，都有可能成為健康最大的不定時炸彈，但是人們卻輕忽心靈上的傷，如鴕鳥般把頭埋進沙裡，就以為傷口不存在。

如同我在前面很多案例中提到的一樣，所有我們害怕面對的痛苦，如果不在當時就去好好面對，雖然會痛，但越早治療越好得快，拖久了，傷口會變成大黑洞，讓你的人生充滿自己也解不開的痛苦之謎，這樣要付出的代價，一定會更大的。

從小我就覺得自己跟這個世界格格不入，直到20歲，我意識到自己不快樂的原因緣自於內在的創傷，我開始從書籍中尋找療癒之道。一本又一本的書中，總有能引起我共鳴的觀點，讓我反芻深思，觀照自身，多年下來，我的心得其實很簡單；人活著覺得不快樂的原因，其實不過是自我感覺受損罷了，譬如：覺得沒面子、傷害自尊、利益被損害等等，這些傷害都跟「自我」有關，我們對自己的看法，決定了自己的命運。

自我感覺較差的人，習慣用悲觀的眼睛看待所有的人事物，即使有好的事發生，也會擔心會不會有不測隨之而來；自我感覺好的人，則就算再不好的境遇裡，也覺得只要活著，就會有機會、有希望。

如果想要把這個「自我」不夠好的部分砍掉重練，會很難嗎？如何從一個總是覺得自己不夠好，而不斷譴責自己、要求自己要更好的人，轉換心態變成肯定自己，甚至在逆境中找樂子的人呢？

先從誠實面對自己開始，萬事起頭難對吧，所以不要以為誠實面對自己很容易，那些你一直以來為了保護自己撐起的防衛城牆，要一層一層的拆掉，才能看見被關在裡面的人，到底是什麼樣子。

誠實面對自己的第一步，則是要了解內在造成我們的創傷是如何形成的，看看以下的選項，是否你有相同的狀況：

1. 控制。使人覺得有力量、安全、對事物可以預測。
2. 完美主義。永遠要把一切事物做得正確而完美，藉著比他人優越來掩飾自己的自卑、羞愧。
3. 指責。當事情出錯，或結果不理想時，責怪自己或指責別人，均是排解羞愧感的方法。
4. 否定自由。不容許負面的感受和不理想的慾望，因而限制了自由的心靈。
5. 不准表達。對身處其中的惡劣環境，必須緘默不語，不准表達真實的心思意念。

6. 虛構事物，掩飾真相。要求個人永遠只看事情的光明面，要粉飾太平、佯作幸福，隔絕任何負面的感受。
7. 保持問題的存在。家人不是爭吵不停，就是黏合融洽。
8. 不信賴別人。不期待可靠的人際關係，也不相信別人。他們幻想可以自給自足、自依自靠，以掩飾內心的匱乏不足。

以上這些觀點，是否戳中你的要害？

列出的這8項心態，正是「病態家庭」的共同之處。

當年，初初接觸這本由張老師出版社出版的《家庭會傷人》一書的時候，內心深受震撼，一直以來我都認為哪個家庭不是吵吵鬧鬧，不都說家家有本難念的經嗎？從來沒有想到，原來我的某些負面人格，就是源自於家庭的創傷。

因為這本書而啟發了我，我開始探尋自我療癒的可能，學習接受不完美的自己，與自己的缺點和平共處。其實每一個人，都有追求幸福快樂的本能，如果你每天躺下去要3～4個小時才能睡著，三不五時頭痛欲裂，或者臉上長黑斑、長針眼，連續五天便秘…種種身體上的痛苦，就算遇見心靈療癒界的天王，你大概也沒那個心情聽他開釋。反之，如果你每天睜開眼都是精神飽滿，睡得飽、吃得香、拉得好……容光煥發的很，那麼就算出門踩到狗屎，你大概也覺得是要發財的徵兆。

所以如果覺得人生 Down 在谷底，不知道哪裡是出口的話，邱老師的經驗之談是：調整身體吧！在認真調養身體的過程，不適合自己的食物堅持拒絕吃，就像是丟出人生的壞習慣；認真攝取三餐身體需要的營養、不熬夜，就像讓自己重生一樣的學習呵護自己、愛自己，身體給你的回報永遠不會讓你失望，當你實際走過擇食的四個時期：黃金期、細胞修復期、免疫系統提升期、舊傷修復期，你就會發現人生不也是這樣嗎？

細胞修復期後會有一波躍進的黃金期，儲備足夠的能量，就可能迎來舊傷修復的短暫不適，但只要我們清楚這些都只是過程，就可以在快樂時盡情享受，低潮時沉潛、學習，等待下一波的黃金期，不是嗎？

在我出書後，有一段時間我覺得自己陷入身心的困頓，所以我千里迢迢從台灣到成都，再從成都到峨嵋山，只是為了幾近心神耗損的身心放個小假，接靈氣補心神……自小我就是個孤僻喜歡獨處的人，自從出書以後，完全屬於我的個人時間嚴重失衡，每天總是電話、微信、臉書、微博、私訊，不斷的有人來問問題，約諮商……我也只是一個人，承擔不了那麼多的苦痛，病難，漸漸的覺得累了，倦了，對人的耐性少了……心裡又批判自己，為甚麼讓別人失望，在這樣身心皆苦的狀態下去了峨嵋山，希望遠離原本的生活狀態，求得一些清靜。第一天在報國寺聽完師父說法，我把困擾我心境的事情問了師父，師父對我說了一個故事：

有一天一位修行的的佛門弟子問師父：「為什麼我的煩惱如同雜草一般，永遠清除不乾淨，總是此消彼長，修行真的對我有幫助嗎？」師父說：「我也不知道修行對你是否有幫助，但既然你覺得煩惱像曠野裡長滿雜草，我們就來試試要如何除掉這些雜草吧。」說完師父將寺廟裡的土地分成一塊一塊，每個弟子負責除掉一塊田地的雜草，包括師父自已也負責一塊。然後師父說：「一年之後我們來驗收吧，看看誰可以把雜草除盡。」

眾弟子們非常驚愕師父的做法，但也就各自出盡法寶，有的只用鏟子、有的用火燒、有的撒上石灰……一年之後，大家驗收成果，每一個弟子的田地都

還是長著雜草，唯有師父的卻是種滿的稻子。

故事講到這裡，師父看著我說：「專注於種稻子，雜草就沒有空間長出來了。」我聽得淚流滿面，師父啟發了我的領悟，從此以後，我只要專注於我想做的事情，那些外在的干擾，不會再分散我的注意力。

與師父談完已是月上枝頭，峨嵋夜月對應我苦累漸散的心境，一片清寂。

第二天從峨嵋山腳直接驅車上海拔 3100 左右的峨嵋金頂，從山腳的陰中偶晴，到前行皆雨，然後雲霧瀰漫，能見度不到10公尺，同行的朋友們開始打起盹來，我卻捨不得眼前山林靈秀，在車子單調搖晃的節奏中，努力跟睡神對抗，而老天也不負我的堅持，雪珠漫漫的飄了下來，漸漸越往高處，雪下得越發大了，我終於見到期待中的峨嵋飛雪！開車的師傅停車讓人將車上了雪鍊，才能繼續前行。雪大、霧濛、路上結冰，突然車子打滑，往路邊的護欄直直衝去，望著護欄外的懸崖，我的腦中一片空白，幸好在撞上護欄前車子停住了！生死關頭反而解放了我的糾結，我想跟大家分享這個感受，人的一輩子，你的苦樂悲痛都只能自己承擔，我由我身體的病苦出發，尋求養生之道，最終整合出擇食這個方法，出書分享擇食這個理念，不是為了名利，僅僅只是因為我一個人，做不了那麼多諮商，把擇食理念系統化出書，讓大家有明確的方法可循，照書做就可以得到效果，懇請需要也想要擇食的朋友認真照書做，不要迷信一定要找邱老師本人，你的身體才會健康，從現在開始，讓我們對自己的健康和生命負責任，養生路上我們一起同行好嗎？

祝福大家身心皆自在，你所站的地方就是天堂！

附錄一

食物與情緒的關係、對應方式

身體狀態對情緒的影響

身體狀態	對情緒的影響	對應方法
心臟無力	容易負面思考、總是擔心、猜疑、退縮、壓抑、內傷	1. 補充足夠的優質蛋白和澱粉。 2. 補充 100mg 的 Q10，早餐或午餐後一粒。
上肝火者	容易暴躁、易怒、無名火	1. 忌口上肝火的食物、刺激性食物和辛香料。 2. 不要熬夜。
腸胃有問題	容易緊張、焦慮、低落、憂鬱	3. 忌口上腸火的食物，如：蛋、蒜頭、韭菜、蝦、奶製品等。 2. 要補充益生菌。 3. 忌口上胃火的食物，如：黃豆製品、糯米、竹筍、甜食和五穀雜糧。
腎虛	恐慌、缺鈣容易受驚嚇、不耐煩、神經衰弱	1. 補充含鈣食物。 2. 補充檸檬酸鈣。每天早、中、晚及睡前各吃一粒 1000mg 的檸檬酸鈣，待狀況穩定後，可改為一天3次即可。

身體狀態	對情緒的影響	對應方法
肺虛	憂慮、悲傷、看不開、鑽牛角尖	1. 忌煙、酒。 2. 空氣品質不良時，請戴口罩。 3. 優質蛋白質認真攝取。 4. 澱粉認真吃。 5. 忌口寒性食物。 6. 忌口刺激性食物。 7. 忌口寒性食物和冰品、生食。 8. 忌口影響神經的食物。 9. 不吃表面有絨毛的食物，如：奇異果、桃子、水蜜桃、草莓、枇杷等。 10. 補充百合、銀耳、蓮子、蓮藕、西洋參、山藥（婦科腫瘤者不宜）。
缺鈣	情緒低落或躁鬱、容易驚恐、易暴怒	攝取含鈣食物，包括綠豆、油菜、空心菜、高麗菜、紫色莧菜、木耳、乾香菇、杏仁、紅棗、蓮子、榛果、蛤蜊；而海帶和紫菜也含有鈣質，但是甲狀腺有問題的人不能吃；補充檸檬酸鈣 1000mg 早、中、晚、睡前各一粒，狀況穩定後可以改為一天三次各一粒即可。
缺乏 Q10 心臟無力	容易負面思考、擔心、猜疑、退縮、抑鬱、內傷	早餐或午餐後補充 Q10 100mg 一粒。

身體狀態	對情緒的影響	對應方法
缺乏優質蛋白和澱粉	懶洋洋、提不起勁、心慌、鬱悶、沒有自信	三餐認真攝取足量的優質蛋白和澱粉。
黃豆製品過敏	情緒低落、憂鬱	忌口黃豆製品，包括豆干、豆皮、豆腐、豆花、豆漿、黃豆芽、蘭花干、素雞、素肉、味噌、毛豆、納豆、素火腿、黑豆、黑豆漿、豆豉等。
影響神經的食物	躁鬱、容易激動、神經衰弱、睡眠品質不好	忌口影響神經的食物，包括鮭魚、糯米製品（包括油飯、湯圓、麻糬、酒釀、粽子、年糕等等）、竹筍（包括筍絲、筍干）、大白菜、小白菜、大黃瓜、小黃瓜、苦瓜、絲瓜、瓢瓜、冬瓜、芥菜、雪裡紅、白蘿蔔；鳳梨、芒果、龍眼、荔枝、水蜜桃、哈密瓜、香瓜；巧克力、咖啡、濃茶、可樂、瓜拿納茶等。
缺乏血清素	情緒低落、憂鬱	補充含血清素的食物，如：香蕉（腎病和糖尿病患者不宜）、低溫烘焙的堅果、雞肉、五穀雜糧（有脹氣或皮膚過敏者不宜）、海藻、澱粉等。
缺乏葉酸	抑鬱、健忘、癡呆	補充含葉酸的食物，如深綠色蔬菜和瘦肉。

附錄二

情緒管理的方法

絕大多數**負面情緒的產生來自於自我感覺受損，對應的方法：**

1. **問自己，現在覺得不舒服的感覺是什麼？**生氣、憤怒、不安、焦慮、擔心？究竟是哪一種？絕大部分的情緒是自己創造出來，或是自我內在問題的投射，**我們要學習的是誠實面對自己的缺點和黑暗面。**
2. **換位思考：**很多時候情緒來自於立場或利益受損。雙方立場產生衝突時，換位思考；如果我是對方，希望他用什麼方法來說服我？我真的不能讓步嗎？或者只是因為某種態度會激起自我的防衛，然後問自己有沒有可能我的態度也有問題？
3. 冷靜下來思考，受傷的是我的自尊，還是虛榮？如果是虛榮，是時候放下了，如果是自尊，可能要思考我真的愛自己、接受自己、肯定自己嗎？因為真正的自尊別人是沒有可能踐踏的。

情緒無法平穩下來的時候，可以嘗試以下的方法來沉澱心情：

1. **靜心或靜躺：**放鬆身體做腹式呼吸，想像每一次吐氣的時候，負面的情緒都隨吐出的氣息離開自己的身體、吸氣的時候，宇宙間正面的能量也隨著吸進來的氣充滿自己。
2. **聆聽頌缽、古琴或大提琴的音樂，一邊泡澡或泡腳。**
3. **學習西藏頌缽、繞缽來靜心。**

VZS0004

心靈擇食—萬病由心造，邱錦伶的情緒食療法

作　者／邱錦伶
封面照片提供／WE PEOPLE 東西名人雜誌
攝 影 師／張嘉興
封面設計／16設計
美術設計／果實文化設計工作室
責任編輯／周湘琦
執行企劃／汪婷婷

董 事 長／趙政岷
總 編 輯／周湘琦
出 版 者／時報文化出版企業股份有限公司
108019臺北市和平西路三段二四〇號二樓
發行專線／（〇二）二三〇六—六八四二
讀者服務專線／〇八〇〇—二三一—七〇五、（〇二）二三〇四—七一〇三
讀者服務傳真／（〇二）二三〇四—六八五八
郵撥／一九三四四七二四時報文化出版公司
信箱／一〇八九九臺北華江橋郵局第九九信箱
時報悅讀網／http://www.readingtimes.com.tw
時報風格線粉絲團／https://www.facebook.com/bookstyle2014
電子郵件信箱／books@readingtimes.com.tw
法律顧問／理律法律事務所 陳長文律師、李念祖律師
印　刷／紘億印刷有限公司
初版一刷／二〇一六年三月十一日
初版四刷／二〇二三年十月二日
定　價／新臺幣三五〇元

心靈擇食 / 邱錦伶著. -- 初版. -- 臺北市 : 時報文化, 2016.03
面； 公分
ISBN 978-957-13-6574-9(平裝)

1.心理衛生 2.養生 3.個案研究

172.9　　105002862

心靈擇食

萬病由心造，
邱錦伶的情緒食療法！

吃對食物，不但身體健康，
心靈也會變強大。

※ 請對摺後直接投入郵筒，請不要使用釘書機。

廣告回信
台北郵局登記證
台北廣字
第 2218 號

時報文化出版股份有限公司

108 台北市萬華區和平西路三段 240 號 7 樓

第三編輯部 收

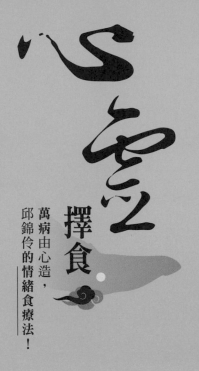

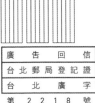

《讀者活動回函》

填問卷，抽好禮！即日起只要您完整填寫讀者回函內容，並於 2016/5/31 前（以郵戳為憑），寄回時報文化，就有機會獲得神秘小禮喔！(共 20 名幸運讀者)。得獎名單將於 2016/06/15 前公佈在「時報出版風格線」臉書粉絲團。

您最喜歡《心靈擇食》的章節與原因？

____

____

您希望透過《心靈擇食》能幫助您改善哪些身體上的不適？

____

____

請問您購買本書籍的原因？

□喜歡主題　□喜歡封面　□喜愛作者　□喜愛推薦者　□價格優惠　□工作需要
□其他 ______________________________

請問您在何處購買本書籍？

□誠品書店　□金石堂書店　□博客來網路書店　□其他網路書店　□一般傳統書店
□量販店　□其他 ______________________________

您從何處知道本書籍？

□一般書店：__________　□網路書店：__________
□量販店：__________　□報紙：__________
□廣播：__________　□電視：__________
□網路媒體活動：__________　□朋友推薦__________
□其他 ______________________________

請問您是否曾購買邱錦伶老師的擇食系列書籍？

□否　□是　(□擇食 □瘦孕 □擇食貳 邱錦伶的瘦身食堂 □擇食參 男人腰瘦女人性福)

【讀者資料】

姓名：__________ □先生　□小姐
年齡：__________ 職業：__________
聯絡電話：(H) __________ (M) __________
地址：______________________________
E-mail：__________ (請務必完整填寫、字跡工整)

注意事項：
- 本問卷將正本寄回不得影印使用。
- 本公司保有活動辦法之權利，並有權選擇最終得獎者。
- 若有其他疑問，請洽客服專線：02-23066600#8219